窮得只剩下錢

王陽明

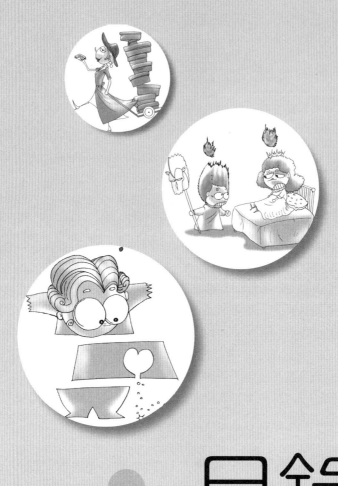

目録

序

相傳有一位旅居美國事業相當成功的女企業家，住在山邊風景優美的豪宅。有一天，女企業家接到一通很久沒有聯繫的高中好友的電話，說有事要到美國開會，想順道飛去看她。她非常高興，要求好友一定要多住幾天。

屆時這位女企業家開了一部非常高級的車子去接機。抵達家門時，果真是一棟氣派十足的豪華住宅，四周是一片翠綠寬廣的草坪，其間還有花園、網球場、以及游泳池。除了到機場接機的車子之外，車庫裡還有一部非常高級的汽車和一部跑車。豪宅裡面有十幾間空著的房間，任由這位好友選擇，每個房間裡面並且掛有高價的名畫。安頓之後，這位好友問說家人呢？這時女企業家臉色一沉，說：

「我先生有外遇，很少回家。」這位好友為了緩頰，馬上問：

「那孩子呢？」女企業家嘆口氣說：

「孩子大了，有自己的理想，住在別的城市。」

接著嘆口氣說：

「你不知道，我現在是『窮得只剩下錢』。」

人不是要拼經濟賺錢嗎？為什麼會窮得只剩下錢？人的需要是什麼？

　　簡單地說，人的需要有兩大項，一是「階段性」的需要，一是「終極性」的需要。能夠滿足這兩項需要的事物，如果以玻璃珠與珍珠來做為比喻，則玻璃珠滿足階段性的需要，珍珠滿足終極性的需要；前者會煙消雲散，後者則永不分離。因此我們需要釐清什麼是「階段性」的需要，什麼是「終極性」的需要。

　　進一步說，為了釐清這兩項需要，我們需要追根究底了解到底「人是什麼」，「人生涵蓋什麼」，「玻璃珠是什麼」，「珍珠是什麼」。我們不要一生只把握到一大堆的玻璃珠，卻把珍珠給遺漏了，那才是真正的貧窮。本書就是針對這一點來寫。

　　本書的完成要感謝很多人。首先要感謝詹慶臨女士與王立亞女士為本書注入很多精力以及提出寶貴的意見。感謝（依筆劃）鄭燦然、廖金德、詹紫雲、張揚道、陳真華、連淑珍、林璞真、林婉容、邱金玉、王世欽、以及王立鈞等人的寶貴意見。感謝大觀團隊曾堯生先生、嚴君怡小姐與劉禹圻小姐，對於封面的設計與內文的編排。感謝蔡裕人牧師、詹慶臨女士、陳樂仁女士、黃凱宏先生、蔡尚志先生、尹可名先生、以及陳真華女士對於光碟片的錄製。對於插畫的繪製，特別感謝繪本畫家筆撒列先生在百忙中的協助。最後要感謝詹文明先生建設性的意見並惠予寫序。

一本從「現實人生」到「生命信仰」的絕佳好書

過去的半個世紀，雖然不至於糊里糊塗地活過，但卻猶如本書中患了失憶症的例子，活在虛無縹緲中；在「生活」上像是住在雲端逍遙自在的神仙，但在「生命」的道路上卻繳了白卷。直到認識了管理學教父彼得・杜拉克（Peter F. Drucker）之後，深受啟迪，發現信仰的重要與脈絡，最終決志受洗。可是受洗過後的頭兩年，每晨讀經禱告，週日也上教會禮拜，讀遍了整本聖經，生命依然停滯不前，似乎缺少了些什麼，深感疑惑。直到2004年經由友人詹慶臨女士的引薦下，認識了王陽明牧師，一起走生命的路。剛開始時在「去偏入正，改變自己」方面有些不能適應。理智上雖然全然接受，但情感上卻不停地拉扯，過了一段時日才真正有了進展，並逐漸驗証了「生命對了，生活就對」的道理。

「想起人生的存亡得失，想起人與人之間的愛恨情仇，想起前途的千頭萬緒，真是苦啊。什麼都忘記該有多好！」這是書中失憶症患者被醫好時的感嘆。然而忘記不能解決問題，而是衍生出另外的問題，我們必須正面接受生命的

檢驗，正面處理生命的矛盾，才能過好生活。為此，「窮得只剩下錢」這本書正是一針見血，是一本滿足生命的卓越作品。換句話說，這是一本從「現實人生」到「生命信仰」的絕佳好書。作者以哲學的問題，引發一連串人類核心的需求和省思；諸如「人性是什麼？人活著到底是為什麼？我是誰？我到底從那裡來？要往那裡去？人存在的終極意義是什麼？」作者深入淺出地讓我們看到人類所面臨的三大困境，即空心、偏心、及無力自救的生命難題，這是生命信仰的大問題。

作者以其罕見的洞察力與對人性透徹的剖析，加上豐富的歷練，深厚的學養，神學的修為，及管理的實務，為我們指出了「明確、簡單、清晰、具體可操作的一套生命經營系統」。即透過以生命三歸（主從歸位、價值歸位、愛心歸位）為主軸，有目的、有條理、有系統地進行心靈的重建。整個過程由內而外，以生命品質的改變，來帶動生活行為的改變，讓我們與神和好，並依與神和好的程度，來達到與神合一的深度。這是一套極為「有效性」的自我操練系統，是生命與生活雙修的完整系統。而這系統的核心要素即整個心禱的進行，就是與聖靈的互動，靠著聖靈的幫助與感動，心靈得到重建。這本「窮得只剩下錢」相對於作者的原著「知行不合一」一書，實在只能算是小書。但其可讀性極高，輕鬆易讀，而且內容豐富易於消化。整本書以二十五則小故事，點出了深奧的生命哲理。加上筆撒列先生的二十三幅插畫，真是栩栩如生，唯妙唯肖，發人深省，啟迪生命，值得分享。

我們的一生深切盼望能與神接通，因為生命對了，生活就對；生命正心，生活放心；生命平安喜樂，生活就有力量。這是立命於神，安身於世，生命生活兩全，真正地活過，把握到人生終極的價值與意義。為了達到這個目的，作者在生命信仰的大道上，為我們提供概念的創見和釐清，包括生活的路與生命的路，生活的幸福與生命的幸福，生活的決定與生命的決定，生命的品質與生命的目的，人性的首腦（人類「作決定」的機制），偏心、空心及生命的困境，性本善、性本惡及良知，正心與偏心，理性與信心，神的主權與人的自由，信心的跳越與信心的成長，知識讀經與生命讀經，生活禱告與生命禱告，歸位和好與歸心合一，外部敬拜與內部敬拜，個人祭壇與集合祭壇，生活規劃與生命規劃，生活共同體與生命共同體，生活恩典與生命恩典，人間學問與基督信仰等等，實屬難得。

能為此書寫序推薦，實乃一生之榮幸，特此力薦。

詹文明
- 杜拉克管理學家
- 遠流管理諮詢公司大中華地區首席顧問
- 工商時報「杜拉克專欄」作家
- 從事企業CEO諮詢顧問多年
- 台北市基督教雙愛心禱協進會總幹事

房屋 健康升遷
福 職位 家人
休閒 壽命 薪水
工作 其他

第一篇

人為什麼
沒有平安？

「平安的路，他們未曾知道。」

（羅馬書 3:17）

第一章
人生的路

　　人一生下來，就有「人生的路」要走，但要怎麼走？要如何把握幸福？宋朝才子蘇東坡（1037-1101）曾說人間如夢，真是如此嗎？

　　我們來看看蘇東坡所寫的宋詞西江月，看看他對人生的體驗：

> 世事一場大夢，人生幾度秋涼？夜來風葉已鳴廊，看取眉頭鬢上。
>
> 酒賤常愁客少，月明多被雲妨。中秋誰與共孤光，把盞淒然北望。

　　他說人生真像是做了一場大夢，一輩子能有幾次感受到秋天清新的涼意？每逢秋夜，從迴廊傳來風吹落葉的聲音，

就發現鬢邊間又多了幾絲銀髮。喝著粗酒常愁沒伴，賞月又常被雲朵遮住。中秋時節誰能了解我的孤單，一個人拿著酒杯遙望北方的故鄉，倍感淒涼。

　　人生真是一場大夢嗎？人生的路要怎麼走才能把握到幸福？我們來看看郭西敏的一生，看他怎麼走。

郭西敏的一生

　　郭西敏出生在貧困的家庭，但受到父母的疼愛，有個愉快的童年。西敏也非常孝順，從小就用功讀書，勤快乖巧。大學聯考雖然沒有考上名校，但也進了相當好的大學，更以優異的成績畢業，並找到一份穩定的工作。這期間遇到了一位心儀的女子，於是共組家庭，攜手打拼。此時西敏更加努力，每天一早就趕到公司寫報告、打電話、跑客戶，希望盡早升遷，能有更高的收入。西敏夫婦還進行計畫生育，生了兩個孩子，並且計畫購買房屋與汽車。

　　西敏在工作之餘也不忘運動，以及帶全家外出旅遊。連續假日也會返鄉探親，跟父母談談近況以及孩子的話題。這樣年復一年，西敏繼續尋找機會，一面到研究所進修，一面努力打拼，有時還需要交際應酬。這期間偶而會感到疲憊或遇到挫折，但整體來說，西敏對自己的人生相當滿意。有時候一個人長途開車或夜半醒來感到空虛，不知道為什麼要如此賣命奔波，但很快就會提醒自己，一切都是為了更好的生活。

這時西敏頭腦裡面最重要的、就是工作。跟工作有關的事項都是他最關心的事，譬如薪水、職位、升遷、成就、工作環境、福利措施、退休辦法等等。除了工作之外，還會關心家人、健康、休閒等事項。也會關心社會、生態、經濟、政治的大環境，但是最重要的還是工作。至於靈命的事，則偶而才會想到，或是根本不去理會。（圖1A-1）

圖1A-1 郭西敏健康時
　　　　所關心的世界

光陰似箭，不知不覺西敏已經五十多歲，頭也微禿，但終於當上了總經理，也買了房子和汽車。兩個孩子都順利考上著名的大學。就在他認為人生開始飛黃騰達的時候，突然心肌梗塞，被送進加護病房。這時他的世界起了變化，工作與財富先擺在一邊，現在最關心的是健康。平時會嫌太太囉唆，小孩頂嘴，但現在卻希望他們多多留在身邊。這時當然也期盼趕快痊癒，出院繼續打拼；工作、財富、成就還是非常重要。然而進了加護病房，讓西敏發覺生命的脆弱，靈命的問題變得重要起來。想到萬一醫不好，死後要到哪裡去？心理

圖1A-2 郭西敏重病時
　　　　所關心的世界

窮得只剩下錢

是否已經有所準備？這時他所關心的世界，與健康的時候截然不同。（圖1A-2）

在加護病房與疾病搏鬥了五天之後，西敏被轉到一般病房。西敏看到自己一天天地康復，鬆了一口氣，開始高興地為出院後的奮鬥進行計畫。然而，一波未平，另波又起。醫師在治療的過程中作了許多的檢查，其中一項顯示西敏的癌症指數極為異常。經過進一步檢查，醫師沉重地告訴西敏：「你已經是肝癌末期，我們建議你考慮轉到安寧病房。」

這消息對西敏來說簡直是晴天霹靂。不能接受、但又能如何？他為出院之後所做的計畫完全不重要了，只希望多多珍惜與家人相處的時間，能做的也只有好好地多看看他們，以及交代遺言。至於世間的成就，也都只堪回味了。醫療方面，現在最關心的是安寧療護，希望沒有痛苦地離開人間。對西敏來說，工作與健康都不重要了，反而是靈命最為重要。生命的價值是什麼？生命存在的目的是什麼？死後要往哪裡去？還有，一生未了的心願是否要交代？一生的恩怨是否要澄清與化解？面對死亡的西敏，此時最關心的不再是生活的事項，而是靈命的事項。[1]（圖1A-3）

圖1A-3 郭西敏癌末時所關心的世界

我們的一生

　　一般而言，西敏的一生可以說是代表著我們每一個人。如下圖所示，當我們還是健康的時候，在我們的世界裡面，最重要的是「工作」或「事業」。如果住進加護病房，最重要的是「健康」。此時我們希望得到醫治，以便繼續追求我們的事業、財富、權位、以及成就。如果面對死亡而住進安寧病房，則最重要的是「靈命」。此時我們會思考生命的終極意義，會思考生命的歸宿。

　　此外，健康的人有可能忽然意外地死亡，譬如車禍，或是忽然被醫師診斷出癌症末期，而送到安寧病房。因此，世上的日子，不論是豐衣足食、豐功偉業，或是左支右絀、一事無成，最後都要送到殯儀館。這是生活的結束，沒有將來的希望。每個人從出生以來，都在努力奮鬥，但等在前面的卻是疾病與死亡。我們如果只關心生活的事項，那麼，所

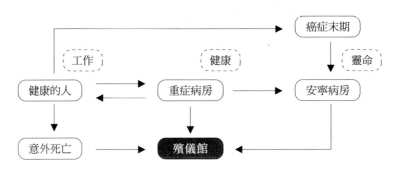

圖1A-4　這是人生嗎？

追求所把握的事物，都要煙消雲散。如果是這樣，那人生就像是虛幻的存在，是一場虛空大夢，只有短暫的意義，最終都要像物品般被送往殯儀館。世上所追逐的，沒有一樣帶得走，沒有永恆的意義。

　　談到此，我們不禁要問，如果郭西敏的遭遇也發生在我們身上，我們會如何反應？人生真是一場大夢嗎？夢醒了就送殯儀館，那人活著有什麼意義？還需要努力做夢嗎？

　　我們都不願意人生是一場大夢。我們不要一生只為柴米油鹽而一事無成，也不要一生所努力積聚的豐功偉業，到最後只是往事如煙。這要怎麼辦？有個企業家，一生追逐他的理想，努力奮鬥，發展事業，時常不在家。不僅冷落了妻小，並且在外面包了二奶。一路走來風光顯赫，但到了晚年想要歸巢回家，妻兒卻遠離而去。最後，只有孤家寡人，跟自己的影子做伴。在無奈中，感覺到人生真是一場孤獨的夢。想到人生如果能夠重新來過，該有多好。是嗎？如果我們能夠重新來過，會有不一樣的人生嗎？

　　人生的路要怎麼走？其實，人生有兩條路，一條是生

活的路，一條是生命的路，我們兩條路都要走。生活的路追求生活的幸福，譬如豐衣足食、功名利祿；生命的路追求生命的幸福，譬如平安喜樂、永恆的歸宿。然而，生活是短暫的，每一個人最終都要跟生活說再見，而生命卻是永遠的。我們如果只走「生活的路」，到頭來是大夢一場，那才是人生的不幸。

我們可以同時走上「生命的路」，讓我們能夠以平安喜樂的生命，來支持與豐富我們的生活；並且在離世之後，有永恆的歸宿，繼續以平安喜樂的生命來存在。本書就在闡明這重要的課題。

【思考問題】
□ 蘇東坡說世事是一場大夢，為什麼是夢？是什麼夢？
□ 你對郭西敏的三個世界有什麼感想？
□ 人生的終點是殯儀館嗎？如圖1A-4所示，那是你要的人生嗎？

---

1. 郭西敏為化名。資料源自The Core Essences of Spiritual Caring for Hospice and Palliative Care, by Dr. Douglas Bridge。參「九十三年度安寧療護靈性照顧研討會學員手冊」，4-13頁。研討會：財團法人中華民國安寧照顧基金會主辦，馬偕紀念醫院協辦，台北淡水，2004年7月。

第二章
不安空虛的世代

-- 人為什麼不喜樂？

　　有位鹽女士，小時候非常嚮往天天能夠吃到米飯，小學六年級時羨慕同學家有錢買吉他。中學畢業後為了考大學，捨棄最喜歡的小說和戀情，每天到圖書館苦讀。考上之後，心花怒放，開學的第一天帶著熱情和理想踏進校園，覺得這是人生的頂峰。可是，這份激動和快樂很快就消失了，因為單調的學習以及人際的煩擾，使她掉入迷茫與頹廢之中。還好大四的時候有位男生適時出現，戀愛和結婚讓她重拾歡笑。

　　畢業後，人生的願望便是賺錢。幾經努力，自己和先生的收入，終於從只能溫飽，到冰箱塞滿了魚肉。然而，這沒有帶來喜樂，因為這時有了新的願望，就是買東西要能不考慮價錢，那才是得意滿足。於是再接再厲，並且獨立創業做得有聲有色，先生的事業也如日中天，幾年下來讓她實現了「花錢不問價」的夢想。

然而，經過一段時間，當她安靜下來的時候，卻感到空虛痛苦而憂鬱易怒。雖然拼命花錢來填補與抑制，卻無濟於事，因為不知道自己要的是什麼。只覺得一直在抓，但每抓到一樣，都發覺「不過如此」，不能滿足。人活著到底是為什麼？雖然使盡渾身解數，卻找不到答案。

於是決定出國，重新打拼，看能不能找到活著的價值，能不能調整空虛的心情。於是隻身前往美國，但在那邊遭遇到的挫折，讓她陷入更深的痛苦。每次打電話給先生尋找安慰，卻都以吵架收場。先生無奈地問：「國也出了，妳還想要什麼？」[1]

世人常常跟鹽女士一樣，用盡一生的時間精力，追求更多、更大、更好，但到頭來還是不能滿足。她想要的到底是什麼？或是說，我們每個人想要的到底是什麼？怎樣才是真正的滿足？

看得見的「生物體」與看不見的「靈命」

　　另外有位女士年已八十，身體還是相當硬朗，非常喜歡逛鞋店，只要看到設計優美，顏色柔和奪目的名牌鞋子，就非買不可。如果勉強忍住不買，回家就會睡不著，第二天還是要去買回來，心理才得平靜。這樣，一生所買的鞋子已經超過千雙。

　　想想看，一個人一生需要多少雙鞋子？如果活一百歲，而一雙鞋子平均穿兩年，那一生只需要五十雙。加上一倍只需一百雙，再加一百也不過兩百雙。兩百雙是為了保護雙腳不要受傷，但超過兩百雙的部份是為了什麼？如果不是要滿足雙腳的安全，那要滿足什麼？這位女士並且還在繼續購買。既然穿不了那麼多，為什麼還要繼續購買？

　　二十世紀初期大清帝國被推翻之後，有些留美的學生回到中國。他們主張無神論，認為人只是「一團原子」，只是物質所組成的生物體，沒有靈命。果真如此，那人類和石頭、家具有什麼不同？這些也都是由一團原子所組成的。

　　其實，人雖是由一團原子所組成，但是人從前面貫穿到後面，並不像石頭一路只是原子而已。人的內部有心靈的活動，有感覺，會思考，知道自己的存在，有理想有目標，會作決定來追求，來實現。因此人會追求價值，要突破原有的成就；會追求愛情來滿足歸屬的渴求；會透過藝術來表達內心澎湃的意境；並且具有永恒的意識，會思考到死亡的問題，要慎終追遠，要永垂不朽。因此人除了物質的原子之

外，更有靈命，是一個能自由作決定的生命。所以說，人是有靈的活人。（這個靈命在本書又稱為心靈、靈魂、以及生命。）

因此，一個人有生物體與靈命兩部分。生物體屬於有限的層次。有限是什麼？有限就是有一個界限。我這個生物體侷限在皮膚之內，有界限，皮膚之外就不是我，因此生物體是一個有限的個體。但是靈命屬於無限的層次，是自由的；我們在靈裡面能夠海闊天空任意遨遊，沒有物理的界線。這個靈命住在生物體裡面，發出欲望，要得到滿足。而這欲望是無窮的，因為是出於無限的靈命。因此人們努力追求世上的事物，除了維持生物體的存活，還要滿足靈命的欲望。就如上述購買鞋子的女士，為了生物體的需要而購買有一個界限，但為了滿足靈命的需要而購買，卻沒有界限。這個靈命對於我們的一生，因此起了舉足輕重的地位。

因著這個靈命，人類的思維可以海闊天空自由遨遊，可以計劃未來，可以回憶過去，可以作夢，可以摘星。但是人類在征服地球、建構世界秩序、探索外太空的同時，卻無法掌控自己內在的心靈，也無法滿足心靈無限的欲望。因此，人會空虛孤單，會掛慮不安，會不滿足不喜樂。就如上述的鹽女士，生物體已經豐衣足食，卻還是痛苦，因為靈命的欲望沒有得到滿足。追根究底，這更是因為人類不能自給自足，必須「依賴」身外的事物所造成。

依賴的生命

人類如何依賴身外的事物？在「生物體」方面，譬如依賴食物、衣服、住屋、陽光、空氣、藥物等等來保養維生，來追求健康長壽。在「靈命」方面，譬如依賴學問、技術、事業、愛情、財富、權位、名聲、地盤等等來達致榮華富貴。

不安無常

然而，人類雖然努力追求健康長壽，卻不論如何努力，生物體總是脫離不了生老病死的框框，令靈命感到擔心害怕。至於事業、愛情、權位等等事物，在追求的過程中，常常為了要把握最好的選項而苦於抉擇；決定之後，汲汲爭取卻未必獲得；即使能夠獲得卻未必長久保有；這些都帶來不安。以愛情為例，我們都希望找到真愛，但選擇對象時，常常輾轉反側，不知選誰才好。對象確定之後，又會陷入落花有意流水無情的苦惱。追求成功之後，又有失望、分手或是死別的痛苦。雖然鼓勵自己要抓住希望，努力不懈，但一路走來也是挫折不斷，令人感到人生充滿了無常與不安。人生有太多的不確定。

空虛無解

不僅如此，人們所追求的事物，縱使能夠保有，也無法根本滿足靈命的需要。有位事業成功的名人娶了五個太太，晚年的時候無限感嘆地說，我壯年的時候常常抱怨太太娶得

人少，但現在卻是後悔娶得太多。因為太太雖然多了，生命還是空虛，並且還帶來很多的吵鬧與爭鬥。為什麼有了五個太太生命還是會空虛？因為靈命的需要屬於無限的層次，就像一部「無底洞」的吸塵器，吸取再吸取，總是無法滿足。

有位大學教授回憶說：「當我努力追求博士學位的時候，日子過得很有意義很有幹勁。但就在博士論文通過的當下，我突然覺得好空虛。」是的，博士學位好不容易才拿到手，但在獲得的當下卻失去了奮鬥的目標，生命忽然空了，需要有新的目標來支撐，來讓日子過得有意義。俄國著名的作家托爾斯泰（Leo Tolstoy, 1828-1910）出身貴族，衣食無慮，年輕的時候就投入寫作的生涯。當他的創作「戰爭與和平」享譽歐陸，盛極一時，世界似乎掌握在手中的時候，忽然覺得生命空了，覺得沒有更有價值的目標可以追求，因而失去存活下去的支柱。此時心靈受到不滿足與空虛的折磨，在找到新的目標之前，讓他幾乎活不下去。為什麼會是這樣？

當一個人達成所追求的目標之後，有的人馬上尋求新的目標，繼續奮鬥；有的人則是享受一段時日，等待靜極思動的時候，再尋求新的目標。但是，無論如何，如果沒有新的目標，生命就會感到不滿足與空虛，覺得日子過得沒有意義。這是因為人們只追求世上的事物，只走在生活的道路上。努力追逐的時候，覺得很有意義很有幹勁，但在獲得，快樂一陣子之後，卻覺得不過如此，生命還是空虛，需要再追求新的事物來滿足。

就如秦始皇在統一天下的過程中，征服一個國家哈哈大

笑之後，接著需要去征服下一個國家，直到統一天下更是縱聲狂笑。但笑了一段時日之後，再也笑不下去，因為在他生命的深處出現了新的欲望，新的目標，就是要長生不老，要超越生物體的極限。於是為了長生不老的目標，只有繼續奮鬥，到處出巡，除了宣揚帝威之外，更要尋找不老仙丹。這樣，人類靈命的無限欲望，讓人每次登上一層樓，總要更上一層樓。

人們在世上的追逐就像這樣，目標達成之後，新的欲望，新的目標會繼續出現，想要有更多的財富，更大的事業，更高的權位，或是轉換跑道，進入另一個領域去追求發展。可見有限層次的目標，終久無法滿足靈命的需要。所以說這個「需要」像是一部「無底洞」的吸塵器，是一個無限的「空位」。因為是無限的需要，所以無法對有限的事物說夠了、滿足了。

因此人們總要繼續追求，繼續尋找更有價值的目標，要達到更大的成就。然而，縱使健康長壽，讓心靈高興一段時日，疾病與老化總是如影隨形，健康長壽終究要失去；縱使揚名立萬，譬如位高權重或是家財萬貫，由於這些都是有限層次的事物，都有界限，終究無法滿足靈命無限的空位，令人感到不滿足與空虛。如果有人認為他不空虛，一路走來都很有意義，那是因為他還有理想，還有目標可以奮鬥追求，還沒有走到有限的盡頭。如果走到盡頭，所要的目標都已經達成，再也沒有什麼更值得追求奮鬥的時候，或是能力不足，或是江郎才盡，或是身衰體弱無法再繼續奮鬥的時候，過去的成就就只堪回味，擺在前面的日子卻沒有奮鬥的目

標，生命就空了。此時只好整天過著「看日出等日落，吃早餐等晚餐」的日子。

有一位一生有很多人追隨、意氣風發、叱吒風雲的人物。當他年紀大又中風的時候，中生代起來，大位不再給他。這令他非常暴燥，憤世嫉俗，同時又抑鬱，頹喪，自怨自哀，並且懼怕死亡。說「我一生所做的，為的是什麼？當死亡逼近的時候，看到的是要與這人世間永遠隔絕；所愛的，所做的，所擁有的……全要失去。」女兒安慰他說「爸，沒有人會忘記你對社會做了很多很大的貢獻，你一生做了很有意義的事。」他回答說「那是你們活著的人所想的，要死的人只看到黑暗。就連意義本身，在死亡面前也都沒有意義[2]。黑暗……虛無啊……」[3]

沒錯，有限的事物都要離我們而去，人生的希望，遭遇死亡，就一一破滅。有限的事物不是終極的價值，我們一死，這些事物對我們就沒有價值了。這些只能帶給我們短暫的希望，就如秦始皇還是要死，半點江山都帶不走。

這樣，一個目標接著一個目標，經過了許多的努力與循環，到了最後還是感到不滿足，還是空虛。人們不禁要問：「人活著到底是為什麼？」「人存在的終極意義是什麼？」這是自古以來令人頭痛不已的問題。我們只希望生命過得有意義有價值，為什麼這個「需要」這麼難以滿足？靈命要把握的到底是什麼？為什麼追來逐去都只是世上有限的事物？有時覺得這些事物似乎能夠解除生命的不安與空虛，令人快

樂滿足，但過了一段時日，又不滿足了。這些事物為什麼總是只有暫時性或階段性的滿足？人們奮鬥不懈，為什麼無法得到真正恆常的平安喜樂？這一切的一切，令人感到生命的無解與空虛，這空虛又帶來更深一層的不安。

　　難怪摩西在歷經大風大浪，看透了世上的人生百相，會感嘆：

　　「我們一生的年日是七十歲，若是強壯可到八十歲，但其中所矜誇的，不過是勞苦愁煩，轉眼成空，我們便如飛而去。」

（詩篇 90:10）

　　難怪所羅門王在聲威遠播，登上榮華富貴的頂峰之後，會驚覺：

　　「虛空的虛空，虛空的虛空，凡事都是虛空。」

（傳道書 1:2）

```
抉擇惶恐之苦 ┐
無法獲得之苦 ├── 無常、不安
無法保有之苦 ┘
無法滿足之苦 ──── 無解、空虛不安
```

生命四苦乃人們在追逐有限的事物與生物體健康的過程中，所遭遇的痛苦。

圖2A-1 生命四苦

　　有一對夫婦在年輕的時候，正值國家社會面臨風雨飄搖、內憂外患的時刻。他們為了擔心專制

027

獨裁的統治而移民國外，在那邊胼手胝足打造了一番事業。這期間，這對夫婦忙於食衣住行，養育孩子，以及建立家業，日子過得忙碌有勁。他們經常出入社交場所，人際往來頻繁，感到人情的溫馨，加上那裡地大物博，人生一片大好。雖然在忙碌告一段落、曲終人散、或是夜闌人靜的時候，空虛的感覺會隱隱出現，但一下子就過去，日子還是忙碌得有意義。

然而，到了人生的下半場，兒女一個個結婚搬離家園，同時身體也漸漸衰弱，生活的步調緩慢下來，尤其是在風飄飄雨蕭蕭或是冬天積雪不散的日子，孤單地呆在家裡，空虛寂寞就深刻地浮現。最後，在離開故國四十多年之後，決定搬回定居。家鄉的親友問說為什麼搬回來呢？答說：「你不知道，空虛比獨裁更可怕！」

當人們忙於食衣住行、成家立業、以及功名利祿的追逐的時候，日子過得有幹勁有意義，不覺得空虛的存在。當身體健康、事業順遂、親朋往來頻繁、吃喝玩樂熱鬧非凡的時候，感到人情溫暖，人生美好。然而就像這對夫婦，等到年老體衰、生活的步調緩慢下來，孩子個個獨立發展，認識的親友一個個離開人間，就發現生命深處的空虛寂寞原來一直等在那裡，過去只是用世間的人事物暫時填補。

因此，人的一生不論成就多大的豐功偉業，由於有限的事物無法根本滿足無限的空位，生命深處的不安空虛無法除

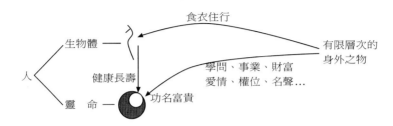

人類忙著追逐健康長壽與功名富貴，最終目的是要滿足靈命無限的空位，來得到平安喜樂，但「有限」無法滿足「無限」，終究還是一個空心的生命。

在這過程中，人類掉入「不安無常」以及「空虛無解」的困境裡面，沒有真正恆常的平安喜樂。

圖2A-2 「有限」無法滿足「無限」

去，這使得人類成為自己不安空虛的來源。原來我們是一個「空心的生命」，是一個帶著無限深洞的生命。難怪每次成就所帶來的快樂，就像竹籃打水，都不是真正持久的喜樂，快樂的感覺無法持續，很「快」就不「樂」了。

人生何去何從？

人類要如何因應「旦夕禍福」的不安無常，以及「孤單寂寞」的空虛無解？歷世歷代以來，我們看到人們一直努力要透過物質、科學、倫理、法律來建構人生的「確定性」與「安全感」。然而縱使發展經濟（物質）、研究科學、提倡公民道德、以及實施民主法治，人心還是不安空虛；憂鬱愁煩以及自殺悲劇照樣發生。因為物質、科學、倫理、法律也是

有限層次的事物，屬於生活的層面，無法真正滿足人類生命的核心需要，就是靈命深處的空位要得到滿足的需要。

這反映出我們所追逐的有限事物，對於靈命的無限空位，沒有對症下藥，不是終極的答案。這使人類擺盪在「有限」與「無限」之間，沒有真正的立命之處。人類雖然偉大，能夠建造萬里長城，能夠登上月球，卻又非常脆弱，動不動就爭吵，動不動就愁煩，動不動就自殺。自古以來人類嚮往行空萬里，內心充滿著豪情壯志，但一路走來，卻是帶著一個空心的生命，受困於有限的生物體。這使人生有如浮萍一般飄蕩茫然，又如蘆葦一般脆弱易折，跳不出空心的框框。前面所提鹽女士的經歷，愈走愈發現無解，就是因為只走在生活的道路上，生命空位的需要無法滿足。有一位電影明星，在他當紅、成為眾多影迷崇拜的偶像的時候卻自殺了，留下一句話：「活得不像活著」。世上的功名富貴只能給人帶來銀行存款的數字，以及光鮮亮麗的外表，裡面卻還是空心的生命，空虛孤單。這就好像擠身在熱鬧的人群當中，內心卻活在孤單的小島。

難道沒有解決的方

法嗎？有，有解決的方法，但問題就出在人們沒有釐清「生活」與「生命」的關係。人們努力追求生活的事項，但空虛孤單卻是生命的問題。我們常常以為生活就是生命，生命就是生活；以為生活的追逐能夠滿足生命的需要。不，生活豐衣足食，生命不一定平安喜樂；平安喜樂的人，生活不見得豐衣足食。豐衣足食以及榮華富貴只能幫助生活的舒適，不虞匱乏，可以安裝門面，可以暫時滿足自我，但不能根本滿足生命的空位。我們必須釐清什麼事物能夠帶來生活的幸福，什麼事物能夠帶來生命的幸福。我們如果一生所努力追逐的只是生活的事項，那只能得到生活的幸福，只是走在生活的道路，但生命深處的空位無法得到滿足，依然不安空虛。

這樣，無解的不安空虛令人興起「我是誰？」「我從那裡來？」「我往那裡去？」的天問，以及感到「我能做什麼？」「我不能做什麼！」「我要怎麼辦？！」的無助……。人類都是空心的生命，都陷在不安空虛當中，無人能解。一千多年前唐朝詩人陳子昂在登幽州台歌中、喟然長嘆：「前不見古人，後不見來者，念天地之悠悠，獨愴然而涕下。」這真是對人類的境遇，做出非常貼切的表述；沒人能跳出不安空虛的困境。生命的路何其難找？平安的路何其難尋？每個人的人生境遇雖然不同，但都在默默承受著不安與空虛的啃蝕。這首詩雖然短短四句，卻帶著深沉無際的苦悶，悠遠遼闊的惆悵，沒人能解的無奈，以及敢問蒼天的期盼。這不安空虛是普天之下，人類共同的心結，共同的傷痛，共同的長嘆。

自古以來，人類都在努力，要跳出這個不幸的困境。所

以說，生命的原則是追求幸福，是追求平安喜樂。但要如何追求、如何跳出？

人為什麼不喜樂？
因為是空心的生命

空心的生命如同生命的深處有個無限的空位。人類在追逐有限的事物、來滿足這個空位的過程中，不僅遭遇無常不安，更是無解空虛，因此不樂。

圖2A-3 空心的生命

【思考問題】
□ 人類如何滿足生物體的需要以及靈命的需要？你如何滿足這些需要？
□ 人類為什麼會不安？為什麼會空虛？人是自己平安喜樂的來源嗎？
□ 為什麼人既偉大又脆弱？偉大在哪裡？脆弱在哪裡？這跟人類幸福的追求有什麼關係？

1.「你到底想要什麼？」，鹽光著，海外校園，第75期，Torrance, California, 2006 年 2 月，13-15 頁。

2. 關於「意義本身在死亡面前也都沒有意義」，請參 11C 註 7。

3. 虛擬（第二篇「失根之樹」37-169 頁），陳韻琳著，台北市，財團法人基督教宇宙光傳播中心出版社，1997 年（民86），146-150 頁（摘要）。

第三章
尋根

　　林志德二十多歲，是一個非常孝順的長子。為了幫助父母維持家計，國中畢業就到一家餐廳工作。然而，這家老闆脾氣非常暴躁，又吝嗇刻薄。自從志德來到這裡工作，老闆專會挑他毛病，對他頤指氣使。起初志德把它當做磨練，過著忍氣吞聲的日子。但是日子一久，漸漸覺得待在這裡，沒有什麼指望，開始愁煩起來。每天都想辭職，想永遠離開這個老闆，但也擔心以他的學歷難找工作。

　　有一天騎摩托車因下雨路滑，撞到行人，需要一筆賠償費用。志德一時湊不出來，只好開口向老闆暫借，結果不僅沒有借到，反被老闆臭罵了一頓。志德為著這筆賠償費用整日憂心忡忡，一不小心，把飲料打翻在客人身上。老闆一氣之下決定扣志德的薪水。這讓志德覺得為這種人工作真是太沒出息，於是當場脫下圍裙，宣布辭職，從廚房後門衝了出去。這時感到

有如從牢獄中釋放的興奮，自由了！

　　但是走著走著，幾分鐘之後，想起賠償費的問題，心裡一下子打了結，加上工作又沒了，更是憂愁起來。在他眼前是一條又髒又亂的小街，人們擠來擠去，臉上毫無笑容。小街的對面甚至有位客人在跟路邊攤老闆大聲爭吵。志德看到這個景象，頭腦發昏，不知如何是好。他雖逃出了惡夢，但外面的世界好像也沒有好到那裡……。[1]

　　人類陷入不安空虛的困境，就像志德的遭遇，需要尋找出路。然而人類在尋尋覓覓的努力當中，只是把握到有限層次的事物，對於生命中無限的空位找不到真正的出路，令人感到雲深不知處。

有限的超越

　　人類是一個依賴的生命，而不是一個獨立、自給自足的生命；但所依賴的，卻是有限層次的事物。這些事物除了用來滿足生物體的健康維生之外，還要滿足靈命的需要，就如前述購買千雙鞋子的例子。因此當人們努力奮鬥，能夠不愁吃穿的時候，生命並不滿足，要進一步品嚐山珍海味，或是穿著名牌衣飾，或是要權力地位。然而，人類雖然能夠一個目標接著一個目標，一個理想接著一個理想，**轟轟**烈烈地超越原有的成就，但這些仍然是有限層次的成就，沒有辦法根本滿足「無限靈命」的欲望。人們只能百尺竿頭更進一步繼續努力，譬如開創百貨公司成功之後，繼續到處開設分店，或是轉行，從經商到教學，或是從教學到從政。然而，不論人類如何超越原有的成就，不論如何更上一層樓，終究還是在有限層次的事物裏面轉換。這樣，所追逐的事物無法根本滿足靈命的空位，只是從一項有限的成就、跳向另一項有限的成就，這叫「有限的超越」。這是要以「有限」的事物，來滿足「無限」的空位。然而，「無限」屬於靈界，沒有物理的界線。這使人類陷入「有限」無法滿足「無限」的困境。到最後依然無法令人滿足，沒辦法說足夠了，而倍感空虛，無能為力。

超越有限，回到有限

有限的層次

　人類要超越原有的成就，要追求更有價值的事物，乃是為了滿足
靈命的空位。但所努力追逐的都是有限的事物，這使人類陷於有限的
層次裡面打轉，譬如經商、從政、務農、教學等等，無法進入無限的
層次，無法從無限來滿足靈命無限的空位。

圖3A-1 有限的超越

尋尋覓覓

　　人類一直要追求更高更有價值的目標，來滿足生命深處
的空位，卻又只有「有限的超越」。在這追逐的過程中，因遭
遇無常而感到不安，又因為無法根本滿足，陷入無解而空虛
不安。這個空位使人類成為空心的生命，如同一顆被掏空的
稻米，只能隨遇而安，沒有立命之處。這是人類共同的困境。

　　然而人類是有靈的活人，有追求幸福的內在驅動力，
不甘心被不安與空虛來啃蝕折磨，不願意無助地淹沒在時間
的洪流當中。人類需要跳出困境，需要平安喜樂。「有神
論者」以及「無神論者」都在尋求，不安空虛的生命都在尋
找，都在尋覓平安喜樂的良方。

　　其實，從生命空位所浮現出來空虛的感覺，正是人類
對於「生命根源[2]」的內在察覺，這是一種生命的語言，

是尋根的語言。是的，人類的生命有其源頭，需要回家。換言之，生命無限空位的需要就是要從「無限的本體」、也就是「生命的根源」來得到滿足。原來人類生命深處空位所產生的欲望，正是對「生命根源」的渴慕，就像子女對失散父母的渴慕思念。這個空位是「生命的根源」要來進住滿足的位子，卻空在那裡。這樣，人類有個空位需要生命的根源前來滿足，而祂卻在人類的生命缺席，這是人類空虛孤單的根本原因。難怪有限層次的事物，總是填不滿這無限的空位；難怪有限層次的事物，只有暫時性與階段性的滿足。因此人們總需要再接再厲，希望藉著更高的成就、更有價值的目標來填滿，讓日子過得既充實又有意義。然而生命深處的空位要得到滿足，不是「量」的問題，而是「質」的問題，是物歸物、靈歸靈的問題；也就是有限的事物、不能取代生命的根源來滿足。人類需要找到生命的根源，從祂得到生命空位的滿足，來除去不安空虛的困境，來得到真正的平安喜樂。但是人們在尋找的時候，是不是像林志德的遭遇一樣，沒有方向，走頭無路，慨嘆生命的根源何處尋？

生命的根源

原來這位生命的根源是創造主，是天地萬物的主宰，掌管著有限層次的「自然界」以及無限層次的「靈界」。人類從有限層次的觀察，以及靠著理性的推敲，對這位生命的

根源能夠描繪出一個輪廓。有人說祂是理性的總源、規律的總管、以及能力的根源，是全能的至上神。西方的亞里斯多德稱祂是「第一因」，是萬物的源頭，不是「他因」所造成的「果」。中華文化稱祂為「天」，用「一」與「大」來表達，是「第一大的存在者」，是「終極的存在者」。

聖經告訴我們，人類原來是這位至上神依照祂的形象所創造的，是有靈的活人，住在美麗的伊甸園，負責治理大地以及其中的活物。這時神人之間是和好暢通的關係，常常在園中見面交談。聖經又說神創造人類的時候，「將永生安置在世人心裡」[3]。在此，「永生」是永恆的意識，屬於無限的層次，是對生命根源的渴慕，是一種被永恆的神來滿足的渴慕。原來神已經將渴慕祂的心，安置在人類的生命裡面，原來人類生命的深處是神的殿[4]，是神對號入座的所在，只有創造主才能滿足。難怪學位再多、財富再多、情人再多、事業再大、權位再大都無法滿足，最多只是暫時性與階段性的滿足。

成就感的滿足

為了滿足這生命深處的空位，人類一直再接再厲努力奮鬥，要更大、更多、更好，要更上一層樓。原來，人類追求更上一層樓的終極對象，就是神本身。我們說生命的原則是追求幸福，而能幫助我們得到幸福的事物才重要，才有價值，才值得追求，譬如美食、華屋、事業、權位、財富等等。這些都有價值，追求起來有意義，讓我們得到成就感。然而，這些事物都是階段性的價值，屬於生活的層面。因為

縱使生活能夠榮華富貴，如果生命的根源不願意進住，人還是陷在空心的困境裡面，還是空虛。唯有生命的根源願意進住，人類生命的空位才能得到滿足，才能除去空虛以及帶來充實與平安。因此生命的根源對我們的生命才是最重要，才是終極的價值，這是生命空位對於價值意義的需求。

因此，唯有把握到終極價值的神，才能實現生命存在的終極意義。原來人的價值在於神願意進來居住，讓我們實現做為「神的殿」的潛力，成為終極價值的神所要居住的所在，實現人類生命最高的價值。此時生命的空位才能得到真正的滿足，這是成就感的終極滿足。

歸屬感的滿足

人類的生命需要歸屬與溫暖，而溫暖從愛來，因此人需要有愛與被愛的互動，才有真正的歸屬與溫暖。這個愛不能是單方面的愛，不然愛人很痛苦，除非他也愛你。再者，這個互愛的歸屬不能依靠有限的人事物，因為有限的人事物只能帶來短暫或片面的滿足，沒有辦法給予終極的滿足。以人來說，我們可以與人相愛，甚至誓言海枯石爛永浴愛河，然而，到頭來不是分手，就是死別，這不能滿足靈命愛與被愛的無限需要。以事物來說，我們可以說「我愛這隻手機」、「我愛立委的職位」，但不能說「這隻手機愛我」、「立委的職位愛我」，因為這些事物沒有愛的能力，無法與我進行愛的互動。手機丟掉就失去，它不會想念我；立委落選就當不成，這職位也不愛我。

因此，我們如果一直追求這些事物，我愛它們，但它們

不能愛我，這樣追逐下去，只有單方面的愛慕，生命的空位還是無解。然而神與人類有創造與受造的生命關係，是心連心的臍帶愛的關係。因此我們與神能有「我愛神，神愛我」的生命關係，並且是不變的愛。這是人類靈命對於歸屬感的終極滿足。

安全感的滿足

再說，世上所追求的有限事物，今天擁有，明天溜走，縱使把握到最後一口氣，還是百般帶不走。很多人擔心在生物體大限之後，到了另一邊沒得吃，沒得穿，需要依靠這邊親人的供祭。然而能供祭到幾代？要供祭到幾代才不會成為永遠的餓鬼？這令人對於死亡感到不安與恐懼。然而，人的死亡乃指生物體的功能喪失，身軀回歸基本的化學元素。人在生物體停止呼吸之後，還繼續存活的只有靈命。這個靈命屬於無限的層次，是一個永遠存活的能量；是一個有知覺，有目的，有思想，有感情，能作決定的能量。

這個無限的靈命不需要物質的食物與衣著來存活，但需要生命根源的內住，才不會成為孤單的靈魂而不安空虛。因此生物體所依賴的食物與衣著，對於靈命完全不適用。靈命得到神的內住，才能不再以空心的生命存活下去，才能跳出不安空虛的困境。其實所謂「餓鬼」，是靈命的饑餓，是生命的空位沒能得到神來滿足的饑餓。靈命的饑餓使人成為空心的生命，成為孤單空虛的靈魂。所以，有限的生物體需要有限的事物，無限的靈命需要無限的本體；有限的事物不僅無法滿足無限的靈命，終究還是要與靈命分離。

　　因此，人類除了從神得到成就感與歸屬感的終極滿足之外，還需要神繼續與我們同在，永不分離。而神與我們有創造與受造的臍帶關係，這是神「將永生安置在世人心裡」的內涵。因為這個關係，神要我們渴慕祂，回歸祂的懷抱。只要我們親近神，神就像父母一般永遠愛我們，與我們同在，是我們永恆的歸宿，是永生。這是生命永遠與神連結，安全感獲得終極的滿足。

　　對於生命深處的空位，人類無法依靠生活的事項來得到終極的滿足，而是需要生命的根源。

　　成就感、歸屬感、以及安全感是從生命不同的向度，以有限層次的語言來表達生命空位的需要。其實，這些是活的生命的需要，是同一個生命的需要的三種表達。如果只用一個向度來表達，則有“掛一漏萬”的困難。當空位從生命的根源得到滿足，這三個向度也就一起得到滿足，是一物之三面，不可分割。

　　同時，當人類生命的空位從神得到滿足，得到深度的平安喜樂，不安空虛自然無疾而終；就如光明到來，黑暗自然消除。

圖3A-2 人類核心需要的終極滿足

回　家

　　因此，生命的空位之所以會繼續發出不安空虛的訊息，會繼續發出需要得到滿足的欲望，需要更上一層樓，乃是要得到成就感、歸屬感、以及安全感的終極滿足，而這只有神能

滿足。我們是神所創造，生命系出於神，神是我們的本家，本當回到神那裡去。也就是說，我們是神的殿，神是我們的家，神人本是合一的關係，屬於同一個"家庭"，神是大家長。

從生物體有限層次的角度，家是建築物，有界線，超出界線就不是家。但從靈命無限層次的角度，家是家人的互相擁有，互相關懷，沒有物理的界線。有一次一對夫婦帶著七歲的兒子預備搭機到國外定居。候機的時候，父親想到要離鄉背井到一個未知的地方，心情非常沉重。這時小兒子在候機室玩得怡然自得，跟父母有說有笑。看到小兒子這麼快樂，父親忽然領悟到有父母同在就是家。是的，我們有神的同在就是在家，這是一種生命的關係，是生命共同體的關係。因此，生命的路就是與神連結的道路，就是回家，回歸生命的根源。

人生兩條路

因此，人類除了「生活的路」要走之外，還有「生命的路」要走，並且生命比生活更為重要。生命需要平安喜樂，生活需要健康富貴，但誰想要沒有平安的健康富貴？那會窮得只剩下錢。因此，人類除了「生活的路」之外，還需要走上「生命的路」。

前面提到的鹽女士，生活雖然富裕，生命卻是空虛與絕望，最終在神的裡面找到了真正的平安與希望。她寫道：「人內心的空虛，不是地位、名譽、金錢、知識或者感情可以滿足的。即使擁有了全世界，人也無法不受內心空虛的折

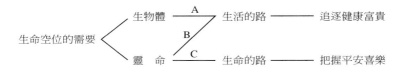

A：代表生活中追求食衣住行，來滿足生物體健康維生的需要。
B：代表生活中追求有限層次的功名富貴，來滿足生命的空位。
C：代表走上生命的路，把握生命的根源，來終極滿足生命的空位。

圖3A-3　人生兩條路（一）

磨，更擺脫不了靈魂飄泊不定的痛苦。唯有神才可以滿足我們心靈的飢渴。[5]」 是的，只有生命的空位從神得到滿足，立命於神，我們才能把握到恆常的平安喜樂，除去不安空虛，找回生命的終極意義、溫暖、以及歸宿。

　　因此，我們必須分辨生活與生命屬於不同的層次，才能對症下藥。沒有走上生命的路的人生，就如斷了線的風箏，生命無法真正安息。人類生命的空位需要生命的根源來對號入座，因此人類需要尋根，需要依循生命的脈絡，尋得生命的根源。人類的當務之急就是找回這位生命的根源，由祂來滿足生命深處的空位，解決空心的困境。

　　這樣，生命與生活的關係，就像人與衣服的關係。人需要穿衣服，但要穿在活人的身上。人如果死了，穿得再高貴華麗，再如何化妝美容也都無濟於事。因此，生命的深層如果還是不安空虛的結構，那生活不論多麼功成名就，多麼風光奪目，最後還是一場空，大夢一場。因此生命要有神的內住，有真正的平安喜樂，生活才有真正的力量；不然，皮之不存毛將焉附？

生活的幸福：
豐衣足食
功名富貴
逍遙自在
健康長壽

生活 ≠ 生命

生命的幸福：
平安喜樂
價值意義
慈愛溫暖
永恆歸宿

生活的幸福 ≠ 生命的幸福

　　生活不等於生命，而生命高於生活。生命有真正的平安喜樂，生活才有真正的力量。生命的平安喜樂，就是生命的空位從神得到滿足而來。
　　生命的幸福是把握到真正恆常的平安喜樂、終極的價值與意義、不變的慈愛與溫暖、以及永久連結的永恆歸宿。

圖3A-4　生活不等於生命

不可能的任務

　　然而以人的渺小，在這浩瀚無際的宇宙當中，要到哪裡去尋找生命的根源？從時間來說祂在「太極之先」，在太初之前就已經存在，是永恆的存在；從空間來說祂在「六極之下」，比東西南北上下六極更為深遠，杳不可尋。[6]

　　然而為了脫困，人類還是努力尋找。大家因著共同的需要，在各地分頭並進，歷經數千年的尋尋覓覓，結果卻是各說各話。有說「神遠在天邊，要自求多福」，有說「神已經死了，要自求多福」，有說「沒有神，要自求多福」，有說「萬物都是神，但要自求多福」，有說「我不知道有沒有神，但要自求多福」，有的卻「冊封自然界的事物為神，向他們祈福」。這些都自稱是幸福之道，有的是追求生命的幸

福，要自力淨化心靈，來與遠在天邊的神連結；有的是追求生活的幸福，努力追求功名利祿，榮華富貴。從這些的追尋，我們看到，大家都找不到至上神，最多只知道祂的存在，遠在天邊；或是製造假神來祈福消災。

人類既然找不到這位創造萬物的至上神，那麼這位神到底是一位關心人類快樂與痛苦的神？或只是一股沒有好惡的創造力？或更只是一種精神寄託的概念？人類對於這些天問，靠著有限的理性，無法回答，只能兄弟爬山各自努力，自求多福。

啟示的需要

人類生命的空位需要至上神來滿足，卻又找不到祂。至上神在哪裡？為什麼人類尋尋覓覓數千年還找不到？答案就在至上神是無限的神，超越人類有限的理性。人類無法從「有限」通往「無限」，無法找到通往至上神的道路。人類需要至上神來告知祂是誰，需要神來跨越「有限」（自然界）與「無限」（靈界）的鴻溝，將祂自己表明出來，指出如何找到祂，如何與祂連結，這就叫啟示。

大家都知道泰山的故事。泰山從小在叢林長大，與動物為伍，從來不知道自己是人類，也不知道可以離開叢林來接近人群。直到有一天，有人來到叢林遇到泰山，泰山才知道他是「人」，才知道叢林之外還真是天外有天。[7] 人類在這自然界的存活，就像泰山侷限在叢林裡面，需要跳出去，需要神

的啟示與引路。原來我們是神的兒女，原來我們有個靈命的本家，除了生活的空間之外，需要跨入生命的領域，與神接通。

　　談到此，我們又有新的難題。就是人類依照至上神的形象受造，神人之間本來就應該是合一溫馨的"家庭"關係。而今為什麼神人分離，讓人類在生命的深處留下一個無限的空位，並因無法滿足而不安空虛？為什麼是這樣？我們在下一章討論。

【思考問題】

☐ 對於人類生命的空位，為什麼有限層次的事物只有暫時性與階段性的滿足？為什麼需要生命的根源才能得到終極的滿足？

☐ 「生活」與「生命」的關係是什麼？為什麼生命的路是回本家的路？而生活的路不是回本家的路？

☐ 人類曾經尋找生命的根源嗎？為什麼要尋找？如何尋找？找到了嗎？

1. 林志德為化名。

2. 生命的根源就是創造主，又稱至上神、無限的本體、生命的源頭、宇宙的主宰、上帝、上主、天主，簡稱「天」或「神」。

3. 傳道書 3:11。

4. 哥林多前書 3:16。

5. 同 2A 註 1。

6. 莊子在大宗師篇説這位無限的本體「生天生地，在太極之先而不為高，在六極之下而不為深，先天地生而不為久，長於上古而不為老。」意思是這位無限的本體，創造了有限的層次（自然界的天地）；祂在時間開始（太極、太初）之前就存在，因此時間無法跟祂相比，是超越時間；祂比東西南北上下六極更為深遠，因此空間無法跟祂相比，是超越空間；祂比自然界更早存在、更為久遠，因此自然界無法跟祂相比，是超越有限的層次；祂從上古就已存在，因此無論誰的壽命都無法跟祂相比，是永恆的生命。

　　聖經説這位獨一的至上神是「自有永有」的亙古常在者，自有是靠自己而有，是創造者，不是受造者；永有是永遠存有，不是短暫的存有（出埃及記 3:14，但以理書 7:13）。這樣，大家都指向同一位終極的存在者，關鍵是有沒有管道與神連結，讓神來滿足生命的空位。

7. 泰山故事的作者是 Edgar Rice Burroughs（1875-1950）。

第四章
傷天害理的世代
-- 人為什麼彼此傷害？

　　灰姑娘、白雪公主、睡美人，這些都是我們從小就很熟悉的故事。美女們找到了心目中的白馬王子之後，從此過著幸福快樂的日子。可惜，這些歷久彌新的童話故事沒有續集。如果有的話，續集可能會是：

　　白馬王子和白雪公主躺在床上正準備入睡。

　　白馬王子：「啊，燈忘了關，妳去關一下。」

　　白雪公主：「我太累了，爬不起來，你去關啦。」

　　白馬王子：「那妳以為我就不累嗎？每天開會討論重要事務，還要服侍妳，累都累死了。不管，換妳去關。」

　　白雪公主：「換我關？每次都是我爬起來關。而且都是我在服侍你吧，你什麼時候服侍過我？一下要我幫你拿報紙、一下要我幫你倒茶水，現在燈離你比較近，還是要我去關。你已經從小被寵壞，難怪養成懶惰的習慣。」

白馬王子：「笑死人，被寵壞的是妳吧。妳以為妳長得漂亮人家就一定要聽妳的。妳根本嬌生慣養，只要事情一不順妳的意就發脾氣，開始數落別人的不是。跟妳這種人生活難怪我會累。我不會再中妳的計了，今天的燈妳關定了！」

白雪公主把白馬王子踹下床：「我受夠了！你只會批評別人，都不會反省自己。跟你在一起，我每天要忍受你的辱罵、批評。你這種人不配跟我睡！」

白馬王子：「好！反正我也不想跟妳睡，妳每次都搶被子，沒有一次讓我睡好。我去別間睡！」

白馬王子站起來走出去的時候，剛好經過電燈的開關，他轉過頭對白雪公主說：「燈，妳關。」便帶著棉被出去了……。

為什麼沒有續集來讓我們知道，白馬王子與白雪公主如何「從此過著幸福快樂的日子」？

我們一直努力尋找能夠帶來「真愛」的人，讓我們永遠幸福快樂。但是快樂為什麼總是短暫的？很多人交往異性朋友，一個換過一個，到後來乾脆不結婚，同居就好了，反正會分手。或許今天遇到了心目中的公主，她美麗、開朗、純真，跟她在一起就開心。可是過不了幾個月，她開始計較我哪裡對她不好，批評我吃得不夠健康，做人不夠圓融。她帶給我的不再是快樂，而是壓力與傷害。到了最後，吵架比甜言多，傷害比溫馨多。每段感情結束的時候，雙方都遍體鱗傷。

　　其實，帶給我們傷害的不只是情侶或配偶。親人、朋友、同事、夥伴、本國同胞，都會帶來傷害。我們在成長的過程，愈來愈發現人是一直在彼此傷害的動物。父母的離異、另一半的外遇、孩子的叛逆、朋友的反目……，這些都傷透我們的心。回過頭來看看自己，其實也是傷害別人的高手。批評、抱怨、抹黑，爭功諉過，責怪另一半，甚至暴力相向。這樣的社會充滿著傷害，而不是真愛，無法「從此過著幸福快樂的日子」。在這人傷人的社會裡，我們感到疲憊沮喪，但為什麼人類歷經數千年，看到那麼多慘痛的歷史教訓，卻還是以彼此傷害的模式來過日子、來製造人禍呢？

　　歷世歷代以來，人類都在尋找答案，都要解決這個難題。古希臘哲學家柏拉圖也曾認真尋找。他認為「知」等於「行」，認為人是依照知識來作決定；認為人所以會做出傷害人的行為，是因為理性不知道那是「惡」；他認為理性是靈命的首腦，理性在作決定，而人所以會做出傷害人的決定，是因為理性無知，不知道那是惡。因此只要致力於教

育，讓人們知道什麼是善、什麼是惡，理性就會自動擇善棄惡，世界就美好了。這個理論聽起來很好，但果真如此嗎？

　　文藝復興以來，人們藉著教育，相信大同世界即將來臨，戰爭即將遠去，不公不義即將成為歷史名詞⋯⋯。然而，為什麼時至今日，人類還是互相傷害？為什麼戰爭禍患依然不斷？為什麼說謊、貪婪、傲慢、偷盜、欺負、抹黑、跋扈、霸道、殺人、偏見從未間斷？為什麼教育程度愈高的人，犯起罪來傷害的程度愈大？為什麼讀到博士學位的人還會心術不正？為什麼科技一有新的發展，人們就想到要應用到武器的製造？柏拉圖的理論錯在哪裡？

善行不易、惡行不斷的無奈

　　我們從小就接受許多倫理道德的教導，譬如四維八德、青年守則、國民生活須知等等，成為朗朗上口的口號以及到處張貼的標語。可是頭腦知道，考試答得頭頭是道，並不能保證我們做得到。

　　　　有位年輕的媽媽，非常認真地教導她三歲的女兒，說有東西要與人分享。有一次，為了要確認女兒學會與人分享，媽媽倒了一杯香甜的巧克力牛奶，叫女兒喝一半，另一半留給媽媽喝。小妹妹一面點頭一面趕緊接過杯子大口大口地喝。喝到了一半還繼續喝，媽媽趕快提醒她要與媽媽分享。但

小妹妹似乎沒有聽到，一直喝到剩下不到一口，才把杯子遞回給媽媽。媽媽面帶傷心地問她說：「我們不是說好要留一半給媽媽嗎？」小妹妹眼珠子一轉，答說：「我怕妳喝太多肚子會痛痛啊！」

第二天，小妹妹和一歲半的弟弟正在吃午餐，媽媽就在旁邊的廚房忙著，忽然聽到小妹妹大聲地說：「弟弟來，我跟你分享。」媽媽聽了非常高興，小妹妹終於學會主動與人分享，於是走過來要肯定鼓勵一番。沒想到，走近一看居然是將自己不喜歡的紅蘿蔔挑給弟弟吃。

看來連幼小的孩童都知道為自己不對的行為，找藉口來合理化。

教育真的有效嗎？不論是學校、家庭、媒體、或是網路都在教導灌輸，但到底教些什麼？大體說來，教育的內容可分為三類。第一、教導科技人文等理性的知識，譬如數學、化學、文學、會計學等等；第二、教導仇恨，譬如教導家族、種族、階級、國家的對立與歧視；以及第三、教導愛心，譬如教導禮義廉恥、以及公民道德等品格教育。

在這三類教育內容當中，對於科技與人文的各種學問，教育的效果非常好，知識快速普及，因為是純知識的傳授。透過這些知識，也確實改善了人們的生活，譬如洗衣機、電腦、汽車、高速公路等等的設計、製造與興建。其次，對於仇恨以及冷嘲熱諷的事，教導起來也非常有效，因為合乎黨同伐異、記恨報仇以及傷害人的本性。不僅容易學以致用，

並且還會舉一反三。看看世界各地的吵鬧、爭鬥、暴力、殺戮、戰爭、自殺炸彈等等事件，就不言而喻。但是對於愛心的教導，就像上面要與人分享的故事，可以清楚知道什麼是對，但卻是明知故犯。並且連校園也接二連三發生凶殺案，甚至老師也會犯罪。為什麼？難道他們不知道所做的是錯的嗎？

偏向自己

兩千多年前「禮記」早就談到「大學之道」，強調人類追求大同世界所需要的學問是「格物、致知、誠意、正心、修身、齊家、治國、平天下」。這是一套很有系統、又合情合理的方法。「禮運大同篇」描述這個天下太平、人人幸福的大同世界，令人非常嚮往（參輔1）。然而貫穿歷史，我們看到的卻是「霸天下」而不是「平天下」；是「家天下」而不是「公天下」；是「貨力為己」而不是「貨力不必為己」；是「各親其親、各子其子」而不是「不獨親其親、不獨子其子」。原來是「正心」這一環節出了問題！人類的德性已經從「正心」敗壞為「偏心」，本來應以公正憐恤來作決定的「正心」卻偏了方向，偏向自己，為了自己而壓制他人，凡物要據為己有，要更多更大，完全不顧惜對方。

為什麼是這樣？人類作決定的機制是什麼？

人以「作決定」走人生的路

　　人們靠著「作決定」來走人生的路。今日的我是過去一系列決定的累積，將來的我就看今後怎麼作決定。人生的劇場像是一張撞球檯，每個人就像一顆能作決定的球，進行著各項的決定，在場上撞來撞去。這些大小的決定構成了一生的大小事件，彼此環環相扣。人們就藉著每次決定的撞擊，串連出生老病死、喜怒哀樂的人生百態。每個人都是這樣走過一生，但是人們又藉著什麼機制來作決定呢？

　　我們都聽過「自由意志」這回事，原來是「意志」在作決定，意志是人作決定的機關，能夠自由作決定。然而，意志根據什麼來作決定呢？有一位老先生因為身體不舒服而到醫院看診，醫師說他有心臟病，並且血壓高，膽固醇高，體重也高，所以要少吃油膩的食物。他遵照醫師的吩咐，告訴太太不要烹煮油膩的食物。這樣經過一段時日，相安無事。有一天參加喜宴，席中出了一道焢肉（蹄膀），是老先生的最愛，不禁心動，但是理性說不行。此時，同桌的親友看到這道菜，知道是這位老先生的最愛，就善意的勸告，說偶而吃一下不打緊。他本來就已經心動，加上親友的「好言」相勸，就伸出筷子夾起來吃了。當他平時抑制吃油膩食物的時候，意志是依照理性的訊息來作決定；當他在喜宴上情不自禁、吃起焢肉的時候，意志是依照感性的訊息來作決定。這樣，我們靈命品質的結構有「意志」、「理性」、「感性」三項要素。意志負責自由與決定，理性負責思考與是非，感

性負責情愛與好惡。這三項要素當中以意志為首腦，是意志當家。因為意志負責作決定，正如團體裏面作決定的人，就是該團體的「首腦」。理性與感性不作決定，只是提供資訊給意志作決定的參考。

　　既然靈命的首腦是意志，不是理性、也不是感性，那人為什麼做出不該做的行為？為什麼會傷害人？為什麼接受高等教育的人也一樣行惡？為什麼不是知善就行善，知惡就棄惡？

　　靈命的品質結構包括意志、理性、感性三項要素，並以意志為首，是意志在作決定。

圖4A-1 靈命以意志為首

問題就出在意志已經敗壞為「偏心的意志」，偏向自己，作決定時以自己的利益來作考量。有時依照理性來作決定，有時依照感性來作決定，就看哪邊對自己較為有利。因此，「知道」與「決定」是兩回事。雖然是對，但對我不利，我就不做；雖然是錯，但對我有利，我就照做[1]。這使得「知」與「行」之間產生巨大的鴻溝，使人知行不合一，明知故犯。這是柏拉圖出錯的所在，因為理性不是人性的首腦，理性不作決定；人不是知善就行善，也不是知惡就棄惡。

偏心意志作決定，以自己的利益為準，因此會明知故犯。

圖4A-2：知行不合一

自大、自義、自私

　　什麼是明知故犯？「明知」是理性知道善惡，「故犯」是意志作決定反其道而行。這是因為意志偏向自己。本應以公正憐恤來作決定，卻以自我為中心來作決定，就是以「自大、自義、自私」來作決定，為了愛自己可以傷害別人。我們來看看一些例子。

自大

自大就是自命為王、唯我獨尊的生命。

　　古時有位官員，帶了一大隊人馬外出巡視，來到一個地方，看到那裡生長一種帶刺的藤，材質非常堅韌。這位官員認為這是製作藤鞭的好材料，於是叫人截取製作。製作完成，拿起來非常順手，說：「現在藤鞭有了，應該試打看看。」於是隨手一指，叫一個隨從出來。隨從看到那帶刺的藤鞭，嚇得跪地求饒：

　　「大人啊！小的沒有犯錯！」官員回說：

　　「你現在沒有犯錯是沒錯，但是我問你，你將來會不會犯錯？！」隨從不敢說不會，顫抖說：

　　「可…可…能會。」官員接口說：

　　「既然會，那就先打！」於是隨從被鞭得哀叫連連。

　　過後不久，這隨從果然犯錯，官員叫人把帶刺的藤鞭拿來。隨從一聽，雙腿發軟，馬上下跪說：

　　「大人哪！上回打過了！」官員卻說：

　　「上回你沒犯錯都要打了，這回犯錯當然更要打。」於是叫人狠狠抽打。[2]

　　這官員以高傲、官大學問大的霸王心態在作決定。這種欺負人的事，普天之下，自古至今，在家庭、職場、街道、社會、國際間，到處都在發生。

有一對夫妻，丈夫常常毆打太太，一些朋友想勸勸他，說：

　　「夫妻一場何必如此？你為什麼打太太呢？」

　　丈夫答說：

　　「因為她欠揍！」

　　這也是欺負人，是拳大有理的霸王心態。自古以來，人常常打人、罵人、欺負人，就是因為人是自大跋扈的生命。只要遂行自己的欲念，不管別人的死活，這製造了多少的人禍。自大的生命，作自大的決定，這不合神的心意，是自大之惡。

自義

自義就是自以為是、自以為好的生命。

　　聽聞有一對年老的夫婦，先生打電話給耳鼻喉科醫師替太太約診。由於病人太多，需要等上三個星期。先生對醫師說：

　　「不行，我太太耳朵重聽太嚴重，三個星期太久了。」醫師說：

　　「那你先檢查一下看有多嚴重，如果真的很嚴重，我會安排先看。檢查的方法就是跟太太說話，看距離多遠她才聽得到，然後打電話告訴我。」

　　這時老太太正在廚房預備晚餐，背對著客廳。老先生掛上電話之後，走到客廳較遠的地方，問：

　　「太太，今晚吃什麼呀？」等了半晌沒有回音。

　　老先生走到客廳中央再問一次，還是沒有回

音。走到廚房門口問，也是沒有回音。走到廚房中間也是沒有回音。於是老先生站到老太太背後吸了一口氣大聲問道：「喂！今晚到底吃什麼呀？！」

老太太回過頭來雙眼一瞪，說：「今晚吃咖 -- 哩 -- 飯！要講多少次你才聽得懂？！」

原來重聽是老先生而不是老太太！這就是人的自義，出了問題都是別人的錯。

古時有位高官喜歡書寫草書，字跡非常潦草，常常讓人認不出來。有一天，這位高官靈感一來，趕快索筆疾書，龍飛鳳舞，寫滿了一大張紙，叫一個晚輩用正楷抄錄下來。晚輩抄到認不得的字，向他請教，他自己仔細端詳了很久也認不出來，竟然責怪晚輩說：「你為什麼不早問！」[3]

人會冤枉人，批評論斷人，出了問題都是別人的錯，自己都對，都是別人要改，就是因為人是自義偏見的生命。這造成了多少人間的紛爭與夫妻的離異。自義的生命，作自義的決定，這不合神的心意，是自義之惡。

自私

自私就是私心貪婪、據為己有的生命，例子也是不勝枚舉。

1960年代當公車有車掌隨車服務的時候，在乘

客很多的時段（譬如週六晚間），公車一到站，乘客常常是一擁而上，然後在車上補票。有一對姐妹就這樣上車，擠到車子中央。開車之後，姊姊對妹妹說：「我們去補票。」，妹妹竟然不肯，想就此賴掉。

姊姊說我們做人要有良心，於是擠到前面補票，回來很高興地告訴妹妹說：「你看！我給車掌十元，她居然找我九十二元耶！這就叫好心有好報！」

大家都自以為是好人，為了八元去補票是有良心，是好人，但把九十元私吞，卻是有好報？！小貪沒什麼意思，要貪就貪大的。追根就底，貪心的生命很難抗拒誘惑，愈大筆愈是想貪敢貪。

再說，相傳有個盲人在路上跌倒，竟然摸到十元，不但沒有高興，反而就地哭了出來。旁人不解地問道：

「你撿到十元，應該高興才是，怎麼哭起來了呢？」盲人回答說：

「我這瞎眼的，一跌倒就撿到十元，那…那些明眼的人，不知道撿到多少了！」

這也是貪。人會製造黑心食品、黑心藥品，會偷竊、詐騙、謀財害命，就是因為人是自私貪婪的生命。這製造了多少人間的苦難。自私的生命，作自私的決定，這不合神的心意，是自私之惡。

偏心意志有狹義與廣義之分。狹義為自大的意志；廣義為自大自義自私、以自我為中心的意志。

自義是自大介入理性而成為自義，自私是自大介入感性而成為自私。

圖4A-3 偏心的意志

性本善？性本惡？

　　人類真的淪落到如此不堪嗎？人類是「善」還是「惡」？人性到底是怎麼回事？表面看來，人類有時行「善」有時行「惡」。但什麼是「本善」，什麼是「本惡」？談到「本」就是生命的深層如何在作決定，換言之，利害衝突的時候，如何取捨？

　　偏心的意志是偏向自己的意志，在利害衝突的時候，會以自我的利益為優先來作決定，傷害別人來愛自己，這是生命深層的惡，是性「本惡」，人類彼此的傷害由此而來。追根究底，性「本惡」不是無知，不是沒有善念善行，而是偏心的意志作主，在利害衝突的時候，會抗拒良知的聲音，明知故犯，犧牲別人來愛自己。人類的社會不是沒有「愛」，而是「以犧牲別人來愛自己」的愛太多。

人們常說人是「性本善」，因為人有善念善行。但是「善念」是什麼？善念就是良知，就如孟子所說的「惻隱之心、羞惡之心、辭讓之心、是非之心」。然而，良知屬於感性與理性的領域，只提供資訊，不作決定。問題出在作決定的意志已經敗壞為偏心的意志，充滿利己的能量，會違背良知來作決定。因此，社會上會有「害人之心不可有，防人之心不可無」的勸戒。如果人性本善，怎麼會害人？大家都是善，要防誰？人有良知，有向善之心，沒有錯，但是良知不作決定，卻使人誤以為性「本善」。

　　至於「善行」，人有外在的善行是很好，但是內在卻是自大、自義、自私的德性。善行是尊重他人，關愛他人，不侵犯他人，但這違反偏心意志的生命，因為偏心的意志以自己的利益為優先。雖然在「利害與共」或是「利益不衝突」的時候，偏心意志會作出善行的決定，但這些只是表層的善行，做到一定的程度就做不下去[4]。更有甚者，善行常常被利用來做為裝飾品，用來沽名釣譽[5]。

　　由於人性是「本惡」，因此人會先以利己的立場作決定，再找理由來合理化、說謊、或是硬拗[6]。因此人會假冒為善，會滿口仁義道德，內心卻是男盜女娼；會有自私的動機，卻以善行來掩飾。不論男女老幼，不用教導就會明知故犯，都會找藉口說謊，都會製造官大學問大以及拳大有理的傷害。在性本善的思維裡頭，人們常說「權力使人腐化」，這也是錯誤，權力是中性，不使人腐化，而是讓腐化的生命有發揮的舞台。權力愈大，舞台就愈大，傷害起來就愈廣愈深。

　　追根究底，性「本惡」就是指生命的深層自命為王，

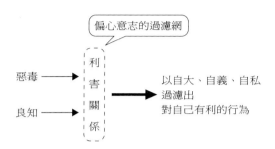

　　性「本惡」不是說人沒有良知與善行，而是在利害衝突的時候，會抗拒良知的聲音，明知故犯，犧牲別人來愛自己。這是生命深層的惡，是「本惡」。

圖4A-4　性本惡

　　「自大、自義、自私」，以自我為中心的生命品質。這是人類的罪性，是「罪的德性」，這樣的生命破壞了人與人之間的和諧。人類有了內在「罪性」的溫床，「罪行」就像瘟疫般散佈開來，打人、罵人、騙人、欺負人、冤枉人的事情乃層出不窮。就像口臭的人，因為體內有了病變，才會到處噴出臭氣。縱使噴噴香水（譬如行善）也無法掩飾，因為是內部出了問題。

　　人類性本惡的生命是病變的生命，不是健康的生命，是「意志、理性、感性」自我矛盾的生命。矛盾有三：

1. 意志與理性的矛盾：這是「知行不一、明知故犯」的矛盾。譬如明知不該讓狗在公園隨地大小便，卻偏偏違反。又譬如有位名人開創了一番轟轟烈烈的事業，但在晚年回憶的時候，感慨地說，「我常常一面譴責自己，一面做卑鄙的事。」

圖4A-5　矛盾病變的生命

2. 意志與感性的矛盾：這包括「愛卻不行」以及「不愛卻行」的矛盾。前者譬如愛你在心口難開，感性愛慕對方，但意志卻不敢表達；後者譬如明明討厭這個人，卻在他面前誇獎奉承。

3. 理性與感性的矛盾：這包括「對卻不愛」以及「不對卻愛」的矛盾。前者譬如做兒子的知道應該孝順年老的父親，但內心卻是厭惡。後者譬如男子到敵區探取情報，卻愛上敵人的女兒，理性告訴自己不該交往，卻又情不自禁。

　　人類「性本惡」的生命，不僅會傷害人，製造彼此的苦難，同時也自我矛盾，傷人傷己。更重要的是，這種自命為王、高傲自大的霸王心態不合神的心意，不必等到有外在的罪行，在神的面前就已經是得罪神，是敗壞的生命。這在神的眼中是看為惡的生命，破壞了神人之間德性的相容性，與神分道揚鑣。

性本惡的社會結構

　　故此，以自我為中心，聰明絕頂的人類，為了和平共存與幸福的追求，只好根據性本惡的人性，來建構社會的秩序。譬如國家的政治體制，就行政、立法、司法這三項政治權力來說，各國的政府不是獨攬三權的專制獨裁，就是需要互相制衡的三權分立[7]。國會的議事或司法辦案，都需要程序正義以及利益迴避，來避免貪贓枉法、不公、不義、自肥的行徑。同樣，社會的秩序不能沒有法律、警察、法院；國家的安全不能沒有軍隊、武器、諜報。過去需要高築城牆，深挖護城河，今日卻要建構飛彈防禦系統。人類在世上努力

偏心的意志是作決定偏向自己，是性「本惡」的緣由。

國際社會以及國內社會的秩序，都是建構在性「本惡」的基礎上，都是因應性「本惡」而設計的規範與制約。

圖4A-6　性本惡是人間規範的基礎

追求的和平，都是需要以戰止戰，才能獲得短暫、脆弱的和平。沒有國家能夠保證和平，而自動解除武裝；也沒有人民在示威反戰的同時，敢要求自己的國家解散軍隊。

　　如果說上述這些措施，諸如三權分立、法律、警察、法院、軍隊、國防等等，是針對性本善而設計，那是什麼善？事實上，整個國家社會的秩序，整個國際間的秩序都建構在性本惡的基礎上，都是因應會彼此傷害而設計的秩序與制約。人們生活在性本惡所架構的小康世界（參輔1），卻說人性本善，豈不矛盾？

　　人類偏心的德性，在「利害不衝突」的時候，或是「勢均力敵」的時候，可以相安無事，可以有表層的善行做為裝飾品，自稱好人，自許文明，來點綴以及美化人生。這些善行並不是不好，人間需要善行，不然會更為悲慘。重點是，人的問題出在當「利害衝突」的時候，或是「我強你弱」的時候，會抗拒良知善念的聲音而明知故犯，犧牲別人來愛自己，這是生命深層的惡，是性「本惡」，是人性首腦的意志出了問題。因此，人會「人不為己、天誅地滅」，會「知人

知面不知心」。聖經說：「人心比萬物都詭詐，壞到極處，誰能識透呢？[8]」，正是此意。

因此，人類性善性惡的判斷，不在於有無善念善行，而在於利害的取捨；不在於理性感性的良知，而在於意志的決定；不在於不能愛自己，而在於利害衝突的時候，是否犧牲別人來愛自己。[9]

由於生命深層的惡，加上諸多彰顯的罪行，諸如陰險、詭詐、造謠、殘忍、卑鄙、財（權）迷心竅、忘恩負義、心術不正、以及各種臉厚心黑的行徑，讓人對互相傷害的事情習以為常，見怪不怪，就像久入鮑肆而不聞其臭，更進而拒絕承認人性「本惡」；以為有表層的善念善行，就自認是性本善，是好人，這正是符合自義之惡。

背逆之子的哀歌

其實人類的性善性惡是以神的德性為標準。人類在受造之初，原是性本善的生命，具有神的形象，生命的德性與神同質相容，像是一間乾淨舒適的房間讓神居住，是神的殿，由神來滿足生命深處的空位，這是神人之間「天人合一」的關係[10]。「合一」不是兩個生命合成一個，而是兩個生命互相擁有，互相接納，互相關懷，彼此相愛；是一個和諧暢通的關係，就像親子之間親密的關係。

但是神人之間有了外力的介入，就是撒旦的引誘。人類的始祖禁不起誘惑，以神所給的自由聽從了撒旦的話，讓撒

且的惡念進入心中，背叛神而吃了「禁果」，使生命的德性變質為偏心的意志，作決定的基礎不再以神的是非善惡為標準，而是每個人心中各有一把尺，以自我為中心來作決定，這是與撒旦的德性同質，性本惡的生命。整個生命就像是受到嚴重污染而臭氣沖天的房間，不適合神的居住。生命中神居住的所在因而騰空，無法得到神來滿足，成為空心的生命。人於是會感到不安空虛，成為孤單的靈魂。這不安空虛是生命的語言，是孤魂所發出尋根的吶喊，是尋找「缺席的存在者」的吶喊！

神是愛，而人又是依照神的形象受造，所以人類需要彼此相愛，以「愛神愛人」來彰顯神的德性以及彼此和睦生活。但可悲的是人類違背天良，掉入背神傷人的偏心困境，所以聖經上說「世人都犯了罪，虧缺了神的榮耀。[11]」這也是聖經所說「世人都如羊走迷、各人偏行己路」的困境[12]。什麼是「偏行己路」？就是以偏心的意志來作決定，「互相傷害」，走在不合神心意的道路上，這不榮耀神。「如羊走迷」就是走在這條偏心的道路，與神的心意沒有交集，找不到生命的根源，回不了靈命的本家，成為迷途的孤魂而

「不安空虛」，這也不榮耀神。這「偏心空心」的生命，使得人類無法「從此過著幸福快樂的日子」。

聖經說：「沒有義人，連一個也沒有！沒有明白的，沒有尋求神的，都是偏離正路……。[13]」人一生中不論爭贏爭輸，走到最後，生物體的落腳總是一坏黃土，而生命「自大、自義、自私」的德性，總要面對至上神的最後審判！這是背逆之子的哀歌，是傷「天」害「理」的淒涼哀調！

人類為什麼需要神，卻又與神分離？原來是有「偏心之因」，才有「空心之果」。因此人類需要神來啟示引路，讓人類能夠進入無限，來與神接通復和，才是生命的幸福之道。問題是，以世人偏心的生命，神願意來帶路嗎？人類的希望在哪裡？

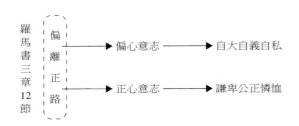

人類偏離正路，以偏心的意志作決定來走人生的路。
　　偏心的意志自命為王「互相傷害」，導致與神分離，沒有神來滿足生命的空位，成為空心的生命，「不安空虛」。

圖4A-7　偏離正路

【思考問題】

□ 人性的首腦為什麼是意志？其重要性在哪裡？

　人類作決定的機制是什麼？

　人為什麼會明知故犯？

　為什麼會先有立場再找理由？

□ 人是性本惡嗎？性本惡的定義是什麼？

　人類性善性惡判斷的基礎是什麼？

　人類社會的秩序與制度是根據性本惡或是性

　本善來設計的？

□ 人類致力於教育，其效果如何？

　對於愛心的教導，為什麼效果不彰，你有親

　身經歷的例子嗎？

1. 但自認有利並不見得真的有利，因為會因短視衝動、考慮不週、資訊不足、資訊錯誤、或判斷錯誤而後悔。

2. 本故事編寫自唐代李延壽的《北史・酷吏列傳》。

3. 本故事編寫自北宋彭覺範的《冷齋夜話》。

4. 譬如常言道「救急不救窮」，就是因為我們可以幫助別人一時的緊急困難，讓我們自覺是好人。但是對於窮困無法自力的人，或因擔心需要一直幫助下去，而無法救窮。有一年颱風季節，據報導有一山邊住家，因颱風被直徑數公尺的巨石掉落擊中，需要拆屋移石，曠日費時，無家可歸。於是到朋友家借住，結果卻像人球搬來搬去，感慨地說：「住一兩天好說，住三五天人家就嫌你煩了。」

5. 譬如在慈善公益的募款拍賣會場，買者為了出名而高價標購，卻讓人誤以為是大好人。這是用錢來買名譽。

6. 人是意志的動物，並且是偏心意志的動物。偏心的意志加上理性，使人成為「找理由的動物」，加上利害的考量，使人成為「先有立場再找理由的動物」。這使人類的頭腦成為很有效率的「理由」製造廠，甚至會找理由強詞奪理。問題是，有道理只是邏輯思維沒有矛盾，表示說話的人沒有精神錯亂，但有道理不見得對，這需要查看是否符合事實。

7. 參輔1，大同世界與小康世界。

8. 耶利米書 17:9。

9. 我們說性「本惡」是因為會犧牲別人來愛自己，但這不是說不能愛自己，而是不要為自己的利益而犧牲別人。每個人為自己的利益，可以好好用功讀書，好好鍛練身體，好好發展事業，互相支援，一起成功，造福社會，這本是好事。

10. 天由「一」與「大」所組成，就是第一大的意思。「與神和好、與神合一」也就是「天人和好、天人合一」，因為神就是至上神，是第一大的存在者，也就是「天」的意思。過去皇帝祭天就是在祭拜這位創造宇宙萬物的天神。參 3A 註 2。

11. 羅馬書 3:23，馬太福音 5:16。

12. 以賽亞書 53:6。

13. 羅馬書 3:10-12a。

信心　黑暗曙光　神找人　脱困的迷茫　休閒　理性　三聲無奈　信心　信心的跳越

第 二 篇

人如何跳出
無奈的困境？

「主的使者……說，你們去站在殿裡，

把這生命的道，都講給百姓聽。」

（使徒行傳 5:19-20）

第五章
黑暗中的曙光

　　有一對夫妻非常疼愛兒子偉東，從小就對他呵護有加，注意營養，教導各樣啟蒙的課程。偉東也不負父母的苦心，健康乖巧，功課優異。然而在國中三年級的時候，偉東迷上了電腦的線上遊戲，常常過了半夜還不睡覺。課業因此一落千丈，視力也變差。父母勸他要有節制，但不論如何勸導善誘，偉東總是將父母的話當做耳邊風，還嫌父母嘮叨。最後偉東乾脆跑到同學家去連線，過了半夜才拖著疲累的身子回家。

　　一天半夜，父母依舊等待偉東回家。這次父親手上多了一支藤條，對兒子說：「兒子，我跟你媽已經勸戒你多少次，你卻不聽。我們愛你，不能看你無法自拔，一直沉迷下去。我們再給你一次機會，如果你明天還是不能迷途知返，我就要用這隻藤條處罰你。」

　　第二天偉東放學後掙扎了好久，在回家的路上一面害怕父

親責打，一面又情不自禁跟同學回去……。

　　回家時父親已經拿著藤條，鐵青著臉等著。「手伸出來！」偉東閉著眼睛伸出手來，父親舉起藤條大力打了下來，一陣霹靂啪啦十幾大響。咦，怎麼不痛，張眼一看，原來父親打在他自己的手上。看到父親痛苦的臉，偉東哇一聲跪了下來……。父親說：「兒子，我已經代替你受罰，我愛你……，不要再犯錯了。」[1]

　　世人敗壞為偏心的意志，與至上神分離，要如何接受懲罰，神才願意饒恕接納，回來滿足生命的空位？

人類的故事

　　人類在受造之初，依照神的形象受造。這形象有兩個內涵，一是「目的」的內涵，一是「品質」的內涵。如下圖所示，目的是生命價值的層面；品質是作決定的層面。「目的」是生命為何存在的問題，是價值意義的問題，「品質」是生命如何存在的問題，是以何種德性在作決定的問題。

生命的目的：人存在的價值（為何存在）

生命的品質：人作決定的機制（如何存在）

我們以兩個圓圈來代表靈命，稱為靈命雙圈圖。小圈代表生命存在的目的（價值），大圈代表生命的品質（德性）。

圖5B-1　靈命雙圈圖

　　我們以「靈命雙圈圖」來對人類的故事做個簡短的回顧。人之初，性本善。是的，人類在受造之初，是正心的品質，是性本善，德性與神同質相容，是神喜歡居住的所在。此時有神同在的平安喜樂，過著幸福快樂的日子。這樣的生命是「正心神殿」的生命，是神兒女的身份。

　　然而，由於撒旦的介入，人類的生命江河變色，正心「敗壞」為偏心，失去與神同質相容的德性，喪失做為神的殿的資格，生命從神的面前「墜離」。因此與神隔絕，成為

空心的生命，喪失生命存在的目的，不再是神兒女的身份，而是撒旦的階下囚，回不了家。這樣的生命不再是「正心神殿」的生命，而是「偏心空心」的生命。

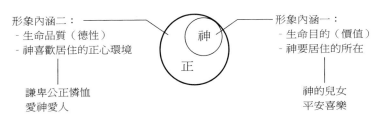

圖5B-2　性本善：「正心神殿」受造的生命

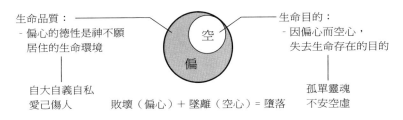

圖5B-3　性本惡：「偏心空心」墮落的生命

三聲無奈

　　人類的問題不是出在不知道什麼是善，而是出在「明知故犯」，出在無力將所知道的「善」行出來，反而做出明知不該的「惡」，從小就這樣。這是人類的始祖中了撒旦的

「木馬屠城計²」，讓撒旦的意念像「電腦病毒」一般，置入人類的生命裡面，將生命扭曲為自大、自義、自私的「偏心意志」，作決定偏向自己，以自我為中心，成為「人不為己、天誅地滅」、性「本惡」的生命。

　　此時，人類雖然還有良知，但良知屬於理性與感性的領域，不作決定，對於意志沒有拘束力，因此人會明知故犯。這種偏向自己的意志，作出犧牲別人來愛自己的決定，正是貫徹撒旦的意志。人類以此遭受撒旦的轄制，在偏心的道路上尋找不到正心的神。這是人類的心靈降服於撒旦的權勢，使人類在尋找出路，尋找神來滿足生命空位的努力當中，只有有限的超越。人類期待有限的事物能滿足生命的無限空位，卻無法滿足，而無力自救。

　　因此，人類的不幸有三大困境，就是「空心」的困境、「偏心」的困境、以及「無力自救」的困境。人類不論追逐到多少有限層次的事物，終究還是陷在三大困境裡面。生命的空位不能從神得到滿足，擁有再大的財富權位，還是虛空的虛空，大夢一場。同時，生物體又一天天衰老退化，在無奈中走向大限；將來在永恒中與生命的根源無緣，沒有得到滿足與平安的指望，更是無奈、無奈、無奈……。

脫困的迷茫

陷入困境的人類，自古以來就在想方設法尋找出路，追求幸福。在這些努力的過程中，人類發展出科學主義、物質主義、倫理主義、法治主義、以及各種宗教。這麼多的幸福之道，如果不能引領人類從至上神來滿足生命深處的空位，到頭來還是無解，還是不安空虛，孤單的靈魂。

人類尋找至上神其實有兩個層面的需要，一是為了無限層次的生命，一是為了有限層次的生活。「生命方面」是尋根，要與神團圓合一；「生活方面」是眷佑，要得到神的保守賜福。尋根就是依循生命的脈絡，尋得生命的源頭，得到神的內住，來滿足生命深處的空位，獲得平安喜樂的泉源，把握生存的意義、溫暖、以及永恆的歸宿。以此來解決人類空心、無家可歸、飄泊無根的困境。眷佑是針對生活的需要，向神祈福消災，安渡世上的日子。

人類自從失去神的內住，就像跟母親進入大果園遊玩的小孩，受到其他水果與景色的誘惑，與母親分離，偏行己路。當小孩發現自己孤單獨行，又遭到壞人欺負，回頭尋找母親的時候，不是在迷途中空轉，就是愈走愈遠。人類也是如此。許多人希望依靠自己的力量回頭，依靠累積善行來自力救濟，卻是緣木求魚不得要領。因為神人之間是「生命德性不相容」的問題，不是「善行不足」的問題。

因此，人類如果僅由外部的行為切入，做出善行苦行來討神的喜悅，其實這是無法得到神的內住，因為是我們內在

偏心的德性把神排斥在外。神是鑒察人心的神，人類與至上神的隔絕，是內在偏心「品質」的隔絕，是「德性」與神不相容的隔絕，不是外在善行、服事、敬拜次數、或奉獻金額「數量」不足的隔絕。人類的意志已經敗壞為偏心的意志，成為性「本惡」。這是生命深層得罪神的惡，造成神人之間的隔絕，無法依靠自力行善來與神和好，因為生命深層的惡，是與撒旦的德性同質。

神找人

　　人類當初受造是性本善的德性，其間從善到惡有外力的介入，就是撒旦，才會變質成為性本惡的德性。而今人類無力自救，要跳出性本惡的綑綁，也需要有外力的介入，就是至上神的介入，才有脫困的指望。還好神人之間本來就有生命脈絡的關係，有創造與受造的臍帶愛的關係，神願意伸出援手。這就好比小孩調皮掉入大坑洞爬不上來，身為父親的不會忍心掩面不管。

　　神如何從無限的層次伸出救援之手？答案就是耶穌基督。這是至上神親自降世為人，前來進行救援。這不是人類依靠有限的理性，所能推論出來的「自然界真理」，而是需要神從無限的層次啟示告知的「靈界真理」。讓我們知道人類得罪神，偏心敗德而與神分離。換言之，人類陷入撒旦的轄制，從靈命的角度，就是以偏心的意志成為撒旦的俘虜，具有撒旦的德性，以自大、自義、自私來作決定，與神沒有

交集。我們愈是以偏心的意志來作決定，譬如罵人、打人、貪婪、說謊、仇恨等等，愈是證明我們受到撒旦的轄制，沒有能力跳出。然而神透過啟示讓我們知道，神愛世人，親自以耶穌基督的角色，來到人間，讓人類能有具體認識的對象，有生命的路可走，來帶領我們回家。

　　然而，人類要回家上路，還有一個障礙，就是要為偏心敗德的生命，受到應得的懲罰，這是神的公義。神不是一個「濫好神」；神雖然是愛，但愛包含原則，包含公義[3]。因此，神不僅是以耶穌的角色來到有限的層次，讓人類有具體的對象來認識而已，神更為人類付出得罪神的代價，讓人類能夠得到神的饒恕與接納。人類雖然已經活在困境之中，但人類叛逆的懲罰其實還未真正臨到，因為藤條還未真正擊打下來。這懲罰就是將來最後的審判，靈命將永遠與撒旦為伍，與神永遠隔絕，生命的空位永遠得不到滿足，只有空虛，沒有平安的指望。

　　神的恩典就在於神親自降世為人，為人類接受懲罰，為人類的背逆付上代價，成為人類得到神饒恕的管道。神愛世人到一個非常的程度，願意進入「偏心的人間」，受限於「自然律」，接受人類偏心意志的暴力，就像偉東的父親代替兒子受罰。讓凡願意在耶穌裡認罪悔改的人，有出路可走，能得到神的饒恕與接納，生命的空位得到神的進住，得以跳出不安空虛的困境[4]。正如聖經所說：「神愛世人，甚至將祂的獨生子賜給他們，叫一切信祂的，不至滅亡，反得永生。」[5]

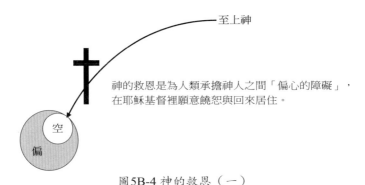

至上神

神的救恩是為人類承擔神人之間「偏心的障礙」，
在耶穌基督裡願意饒恕與回來居住。

空

偏

圖5B-4 神的救恩（一）

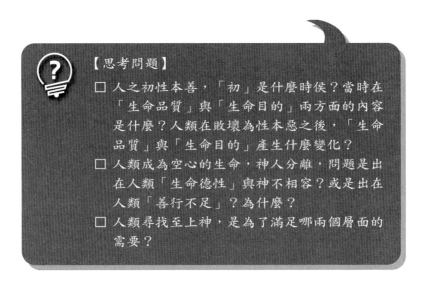

【思考問題】

☐ 人之初性本善，「初」是什麼時候？當時在
「生命品質」與「生命目的」兩方面的內容
是什麼？人類在敗壞為性本惡之後，「生命
品質」與「生命目的」產生什麼變化？

☐ 人類成為空心的生命，神人分離，問題是出
在人類「生命德性」與神不相容？或是出在
人類「善行不足」？為什麼？

☐ 人類尋找至上神，是為了滿足哪兩個層面的
需要？

1. 偉東為化名。

2. 這是荷馬在Iliad中所描述特洛伊（Troy）與希臘之間的戰役。約在西元前12-13世紀，特洛伊王子帕里斯（Paris）與斯巴達王墨涅拉俄斯（Menelaus）的王后海倫私奔，墨涅拉俄斯的哥哥率領希臘聯軍，遠征特洛伊。這場戰爭前後打了十年。希臘聯軍無法攻破特洛伊城，於是佯裝敗退，留下一個空心的巨大木馬在城外，並派人喊話說木馬是要給女神的供物，可使特洛伊城堅不可摧。儘管有人提出警告，木馬還是被當做戰利品，拖進城內，並舉行慶功宴，喝酒行樂直到半夜。焉知當大家醉得東倒西歪的時候，木馬裏面藏有敵軍勇士，偷偷出來，打開城門迎接埋伏在外的敵軍，裏應外合，一舉攻下特洛伊城。

3. 關於神的愛與公義，請參知行不合一（增訂版），王陽明著，台北市，中華福音神學院出版社，2005年，169-171頁。

4. 聖經就是記載神如何進入人間，為著身陷三大困境如羊走迷的人類，提供回家的道路。聖經的核心思想因此有兩大主題，一是「人類的困境」，一是「神的救援」，而這救援的關鍵就是耶穌基督。耶穌是在人類最早期的活動中（約四千年前），有文字記載以來，就預言要來拯救人類的那一位。耶穌的降生與一生，就是預言的應驗。神親自來尋找人類，要帶領我們回家，要陪伴我們行走這段回歸天家的尋根之旅；讓人類在困境當中，有生命的出路。關於耶穌基督降生的預言與應驗，請參知行不合一（增訂版），王陽明著，台北市，中華福音神學院出版社，2005年，173-196頁。

5. 約翰3:16。耶穌就是神親自降生為人的那位救世主，我們在有限的層次稱耶穌是神的獨生子，這是以人間最親密的生命關係來表達耶穌與神原來是同一位的關係，可以説耶穌是神在有限層次的「分身」。參第六章（6B）三位一體的神。

第六章
上路

　　有一棟觀光旅社的五樓突然失火。火勢很快地蔓延，還好有人機警，趕快通知消防隊。消防隊也很快到達現場，但是火勢凶猛，需要一面救火，一面救人，於是打開安全網，鼓勵受困的房客往下跳。輪到王小姐時，她卻踟躕不前，由於高度太大，不敢往下跳。為了把握時間，消防人員只好請後面的人先跳，並一邊鼓勵王小姐：「你跳了就能得救！」「你看，大家都跳了，沒事的！」「火勢這麼大，沒有其他的退路，你不跳會被燒死的！」王小姐知道她該跳，也知道下面有安全網，然而後面的人一個一個跳完了，她還是緊緊抱住欄杆，僵在那裡，望著安全網，遲遲不敢跳。就這樣不幸喪生了。

　　王小姐對於消防隊的救援，沒有做出正確的回應而喪生。同理，身陷三大困境的人類，對於至上神的救援，要如何做出正確的回應？

人類的回應

耶穌已經為人類突破最困難的障礙，就是為人類受罰，好讓我們的偏心能夠得到神的饒恕，進而得到神的內住。然而，耶穌雖然為人類鋪設完成得救的道路，就像神為我們打開了安全網，但我們必須跳下去。每一個人都需要單獨回應，決定接受神的救恩。神是創造主，人是受造者，神人之間的身份雖然不同，但人類是依照神的形象受造。神是自由的生命，也給人類自由。因此對於神的救恩，每個人必須與神進行自由的互動。這就譬如有人要送禮物給我，我必須決定伸手領取，才能得到這份禮物。[1]

神愛世人，為人類提供得救的管道，這是神的主權與恩典，同時神也讓人類有自由的空間，能夠獨立作決定回應神的救援，這是尊重人的自由。聖經說「你們得救是本乎恩，也因著信。」（以弗所書 2:8、約翰 3:16）。本乎「恩」是神願意承擔人類做不到的部分，就是以耶穌的角色做為讓人類能夠得神饒恕與接納的管道，這是神的主權。因著「信」是我們憑著信心作決定回應，認罪悔改，選擇耶穌。因此神的救援不是「神的主權」壓制「人的自由」，也不是「人的自由」取代「神的主權」。神的救援是雙方自由的互動，不但是神的主權與恩典，也是每個人憑其自由對神的救援的回應與感恩，別人無法越俎代庖，就像沒有人能代替我們跳進安全網。這是神救援的預定，是自由合作的預定。

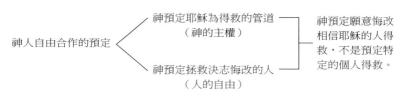

圖6B-1 神人自由合作的預定

　　進一步言，耶穌基督為人類在十字架上所完成的救恩，是以祂的死做為人類親近神的祭品。我們只要願意依靠耶穌，不必殺牛殺羊做為祭品，就能夠親近神，得到神的接納。人類因此能夠跳出困境，偏心的德性得到神的饒恕，空心的生命得到神的進住。這自由的互動是神所珍惜的「神人關係」。對於這樣的恩典，人類要如何回應與領受？

信心的跳越

　　人類在追求幸福的時候，通常都從理性開始，譬如科學主義、物質主義、倫理主義、法治主義。但這些方法只走在有限的層次，屬於生活的層面，無法解決屬於無限層次、空心生命的困境。人類必須向至上神伸出求援之手，必須接受神贖罪的救援，其他別無出路。這個求援的行動，牽涉到對神的信心。這信心不是理性思考的結果，也不是數學證明的結果，不像自然科學可以在實驗室客觀地分析。信心是自由的產品，是為了掙脫困境，向神求援的決定。

信心與理性

因此「信心」與「理性」沒有交集，兩者是「可能性」與「必然性」的關係。「可能性」有自由，「必然性」沒有自由。理性只有必然，譬如 1 + 2 = 3 是理性；因為是理性，因此沒有自由，一加二必然等於三，沒有不等於三的自由，也沒有等於四的自由。然而信心屬於意志的領域，有自由，有可能。因此，信心是理性想不通的時候，決定跳過理性，憑意志說我信，這是「信心的跳越」。對於理性想得通的事，譬如 1 + 2 = 3，我們只有接受，不會說我相信 1 + 2 = 3。就如一張牢靠的椅子，明知不會摔倒，我們就坐了，不必憑信心坐上去。

然而，神的救援是從「無限」進入「有限」，要把人類拉回「無限」。這不是人類有限的理性所能想得通。因此我們為了掙脫困境，對於神救援的作為，必須心存謙卑，憑意志做出「信心的跳越」，向神說「我信」。

親自跳越

然而，這個跳越是每個人自己要作的決定，不是別人可以代替的。雖然我們聽過那些跳過去的人所做的見證，我們還是需要親自跳躍過去。只有自己跳躍過去才能被神接住，得到神的饒恕以及經歷神的恩典。聽別人的見證，對自己只是知識而已。這就好比學習游泳，我們不能只在岸上聽游泳教練的講解與示範。教練所教的方法與技巧，對我們來說只是知識，我們需要親自跳下水，才能學會游泳。

需要勇氣

信心的跳越對每一個人來說都是第一次，需要勇氣。為什麼需要勇氣？因為信心的跳越是從「有限」跳入「無限」。若要安全的話，可以選擇躲在我們有限的理性裏面。只要在有限的層次講得通的，有道理的，我們才接受，這非常安全。諸如科學主義、物質主義、倫理主義、法治主義等等，聽起來都有道理，都在安全的有限層次，不必冒險投入無限的層次。但是，有道理不見得對，因為人類的困境是屬於無限的層次，是靈命出了問題，需要脫困。而這些主義只是帶領我們走在生活的道路，幫助我們在有限層次的存活，但無法帶領我們與神接通，無法解決屬於無限層次、空心生命的困境。

跳過有限的理性

由於人類的困境屬於無限層次的靈界，牽涉到撒旦的轄制、人類的偏心意志、以及需要神來滿足生命的空位，因此脫困之道必須通過「擊敗撒旦，饒恕偏心，接通真神」的考驗。所有人世間的脫困之道，只有耶穌基督的救援通過此項

考驗，是唯一的脫困之道。為什麼？因為有罪的人沒有辦法自力除罪，也沒有辦法替人贖罪；只有神降世為人才是無罪的人。只有無罪的人才能為其他的人贖罪，並且是至上神成為人，才能為全人類付上得罪神的代價，讓人類能夠在耶穌裡得到饒恕。也只有神降世為人才能從死裡復活，才能擊敗撒旦的權勢，讓人類與神接通。換言之，為了拯救人類，耶穌必須進入死亡裏面，並從死亡出來，回歸聖父，以此擊敗撒旦死亡的權勢，為人類開路。我們看到耶穌在十字架上喊出「我的神，我的神，為什麼離棄我？」[2]，這是與聖父隔絕，是神的自我撕裂，是為全人類喊出與神分離的痛，喊出人類生命深處「空心」的痛。這「空心」的痛就是撒旦「死亡」的權勢，使人類「與神隔絕」，是靈命的死亡，是空心的孤魂承受著無限的空虛、孤單、與不安的痛。

因此，如果不認為自己是偏心得罪神的生命；如果不認為自己的空心需要神來滿足，需要跳出孤魂的困境；如果不了解是自己的偏心把神擋在門外；如果不了解人的墮落有撒旦的介入；如果不了解無法依靠自力來擊敗撒旦，與神接通；如果不了解需要以神給我們的自由來自願向神回應；那就無法了解耶穌為什麼需要千里迢迢，從「無限」進入「有限」來開路救援。也因為是這樣，基督的信仰才超出人類的理解，以有限的理性想不通。並且因為人類的困境是屬於無限的層次，超出人類的能力所能解決，才需要神的救援，需要憑意志做出信心的跳越。這是超越理性的信心，是自由的跳越，是脫困的跳越，跳過有限的理性，跳向我們生命的根源，終極的祖先，認主歸宗，回家。[3]

信心的跳越

理性 ──── 自由 ──→ 信心

信心是跳過有限的理性，投入神的懷抱，是自由的跳越。

耶穌基督提供了脫困之道，我們必須以信心的跳越，來回應和領受。

圖6B-2 信心的跳越

在耶穌裡

當我們做出信心的跳越，向神伸出求援之手的時候，我們邀請神進入我們的生命裏面。在靈裏面我們以「意念」與神溝通，就是向神發出求救的意念。但是由於我們與神之間有「偏心意志」的障礙，因此需要藉著耶穌的救恩，向神發出求救的意念。因此「信心的跳越」就是以意念在耶穌裡親近神，向神禱告：「天上的父神，我不願意我這個生命繼續得罪祢。對於這個得罪祢的生命，我深感懊悔。祈求祢因著耶穌基督在十字架上的恩典饒恕我。我要親近祢，求祢接納我，並幫助我改變，使我生命的德性愈來愈合乎祢的心意，使我的生命成為祢愈來愈喜歡居住的所在。奉靠耶穌的聖名祈求[4]，阿們[5]。」神本來就蒞臨在我們的四周，等著我們向祂打開心門。當我們以這樣的意念向神祈求的時候，就是向神打開剛硬的心門，就是做出信心的跳越。神因著耶穌的緣故願意接納我們，饒恕我們的偏心，回到我們的生命，解決我們空心的困境。只有跳躍過去，與神接通，才能體驗到神的

信實。正如聖經所說「基督耶穌降世，為要拯救罪人，這話是可信的，是十分可佩服的。」[6]

三位一體的神

我們透過耶穌跳向神，神又因為耶穌的緣故接住我們，似乎把耶穌和神說成兩位不同的神。另外，還有聖靈。這是怎麼回事？是不是有三位不同的神？不是！不是三位不同的神，而是同一位至上神的作為，因此我們稱呼這位至上神為「三位一體」的神。

一而三與三而一

然而有人會問，如果不是三位不同的神，那麼，神是三而一的神呢？或是一而三的神呢？這個問題、其實就譬如張先生是數學家、哲學家、也是藝術家，看起來是三個人，其實是一個人，就看我們從哪個角度來切入認識他。

神是無限的神，為了救援人類而進入有限的層次。這就如下圖所示，從無限的角度來說，至上神是一而三的神；從有限的角度來說是三而一的神。其實，創造主是一位，就是一位神。但為什麼有「三」與「一」的差距？這是因為「有限」與「無限」之間存有巨大的鴻溝，無限的至上神必須遷就人類的困境，以「三個角色」的作為，來進行救援，讓人類知道神是一位關愛人類的活神。神實現聖經中的預言（諾言），降生為人，來與人類互動。神的這個作為，由於人只有

有限的理性，因此想不通。但人不是理性當家，而是意志當家，必須憑意志相信，以心靈和誠實做出信心的跳越，來跨入無限的靈界，歸向神。神就像聖經所說那位浪子的父親，在天家門口等著接納我們的自願回頭。[7]

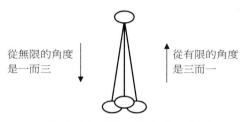

從無限的角度
是一而三

從有限的角度
是三而一

從有限與無限的角度來看三位一體的神

圖6B-3　「一而三」與「三而一」

太陽的比喻

因此，當我們稱呼這位至上神是「三位一體」的神，這代表神以耶穌基督來做為人類具體親近祂的窗口，並且以聖靈的樣式蒞臨在我們當中，來進行感動與幫助。如果用太陽來做比喻，則太陽的「光源、光線、溫度」，就好比在反映著三位一體的內部關係：

「光源」好比聖父，是存在的本源，遠遠超過人類所能理解；

「光線」好比聖子耶穌，降生在偏心黑暗的世界，是照亮人類回家的正路；

「溫度」好比聖靈，感動軟化人的偏心意志，催促人類自願悔改。

這光線與溫度直通到光源，其間沒有中斷，三者有區別卻沒有混亂，本來就是一體的關係。耶穌說只有透過祂，人類才能回到天父那裡去，這好比有光線才能通到光源。同時，在耶穌裡我們領受聖靈，就好比有光線就有溫度，來感動軟化自大剛硬的心，我們才能知錯、悔改、回家。從無限層次的角度來說，這就是至上神進入撒旦的權勢當中，來伸張神的權能，來架構神人之間生命的通路，並透過聖靈幫助世人悔改上路，回歸於神。這是耶穌基督十字架的奧秘，也是神以「三位一體」的偉大作為來救援世人的奧秘。

　　因著神三位一體的作為，耶穌進入撒旦的權勢，架通神人之間的通道；而聖靈則進行感動，催促人類悔改上路。

圖6B-4 十字架的奧秘

針對三大困境

更具體地說，神是一位，為什麼要扮演三個角色，分別稱為聖父、聖子、聖靈？原來這是神針對人類生命的三大困境，來進行救援的作為。

1. 針對人類「空心」的困境，神作出救援的決定，願意回到人類的生命。此時神扮演了決策者的角色，我們稱呼祂為「聖父」。
2. 針對人類「偏心」的困境，神執行救援的決定，成為人的樣式前來開路，就是耶穌。此時神扮演了救贖者的角色，我們稱呼祂為「聖子」。
3. 針對人類「無力自救」的困境，神執行救援的決定，以靈的樣式來感動人類上路，讓人類在耶穌裡知錯悔改。此時神扮演了「幫助者」的角色，我們稱呼祂為「聖靈」。

如果用「船」來做為比喻，這就好比人類陷入苦海當中，至上神決定前來拉拔救援。神的方法就是親自成為船，開到人群當中，並幫助人們上船。從有限層次的了解，至上神作出救援的決定，是「聖父」的角色；至上神親自成為船隻開到人群當中，是「聖子」的角色；至上神幫助人們上船，是「聖靈」的角色。從無限的角度，這是獨一真神遷就人類的處境，所施行救援的動態作為。因此，我們稱呼至上

神為「三位一體的神」、或「三一妙身的神」、或「三一真神」，這些都是用有限層次的語言，對於神動態的救援，做出最簡短的表述。

因此，「三位一體」表示創造主為了關愛人類，曾經以人的樣式進入人間來開路，讓人類能夠以耶穌基督為管道，來得到神的饒恕與接納。這個救援的機制是在耶穌裡透過聖靈的感動，來軟化我們剛硬的心，讓人類知道有耶穌這個選項，進而自願決定悔改，選擇耶穌，做出信心的跳越，與神接通，讓生命的空位從神得到滿足，這就是回歸靈命的本家，與神合一。

釘上十字架

進一步說，神愛世人，要替人類解困，但對於禍首的撒旦不能一拳擊打下來，把撒旦及其同夥的鬼靈群打入火湖，因為人類也在撒旦的權勢裡面，如同人質，也會一起遭殃[8]。因此，神要救援人類，必須同時滿足三項高難度的挑戰，即「維持至上神主權的完整」，「擊敗撒旦死亡的權勢」，以及「維持人類個人的自由[9]」。由是，神乃以三個角色的作為前來救援。第一、「聖父」決定以三位一體的運作前來主導救援的進行與時機，維持至上神主權的完整。第二、「聖子」為人類走上十字架，進入死亡並復活升天，擊敗撒旦死亡的權勢。第三、「聖靈」與每個人進行自由的互動，感動人類，讓人知道有耶穌基督做為脫困的出路，而自願決志悔改，來維持每個人的自由。[10]

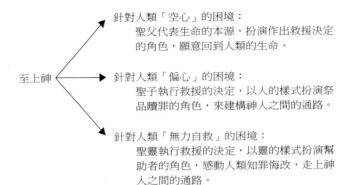

針對人類「空心」的困境：
　聖父代表生命的本源，扮演作出救援決定
　的角色，願意回到人類的生命。

針對人類「偏心」的困境：
　聖子執行救援的決定，以人的樣式扮演祭
　品贖罪的角色，來建構神人之間的通路。

針對人類「無力自救」的困境：
　聖靈執行救援的決定，以靈的樣式扮演幫
　助者的角色，感動人類知罪悔改，走上神
　人之間的通路。

　　「三位一體」這個名詞，乃在描述至上神針對人類
生命的三大困境，以三個角色的作為前來進行救援。換
言之，人類的創造主曾經以人的樣式進入人間來開路，
這是生命的活路，並以靈的樣式在人間進行感動，讓人
類憑其自由自願回應，上路回家。

圖6B-5 三一真神

信心跳越之後

　　然而，我們回應神的救援，做出信心的跳越，接受耶穌
的救援之後，我們就回到了家嗎？也是、也不是。「是」，因
為已經進入神家的「大門」；「不是」，因為還未「入室」，與
神的關係尚屬初步。這就好比從場外進入跑道站上百公尺的
「起跑線」，但還沒有「起跑」。神不要我們停留在起跑線，
神要我們往標竿直跑。就如浪子回家，得到父母的饒恕與接
納，但父母期待孩子回家之後，改掉自專放蕩的個性，漸漸

回復本家的氣質，與家人相親相愛，不要老我的個性不改，成為在家浪子。像這樣，我們做出「信心的跳越」，偏心的生命雖然得到神的饒恕和接納，但偏心還是很強，還是以自大、自義、自私來作決定。這就好比站上起跑線卻沒有起跑。

我們必須往標竿直跑，就是回復神創造我們的目的，生命的空位從神得到深度的滿足。因此，信心的跳越只是入門，只是與神建立初步的關係，我們還必須改變生命，來進入內室，來與神建立親密的關係，得到深度的平安。這是「信心的成長」，我們在下一篇談。

【思考問題】

☐ 什麼是信心的跳越？要跳過什麼？跳到哪裡？為什麼每個人要親自跳？為什麼需要勇氣？為什麼要「在耶穌裡」做出信心的跳越？

☐ 「信心」與「理性」的關係是什麼？為什麼兩者沒有交集？人類需要對神的救援做出信心的跳越，這對你來說，最大的困難是什麼？

☐ 至上神為什麼需要以三個角色來救援人類？「三位一體」的神是一而三或是三而一？

1. 人是有靈的活人，有自由。在人類墮落與回昇的過程，人的自由都扮演著重要的角色。換言之，是人類自願接受撒旦自大利己的誘惑而墮落；墮落後，人類也需要自願決定要悔改，接受神的救援來回昇。進一步言，在人類墮落與回昇的過程，都必須有外力的介入以及人類自由的作為。墮落是因為撒旦的引誘與人類的選擇，回昇則由於神的救援與人類的選擇。

2. 馬太27:46。這是預言的應驗，見詩篇22:1「我的神、我的神、為什麼離棄我？」

3. 圖3A-1與圖6B-2得自作者在神學生時候 Dr. Burton Cooper 課堂上的講解。特此致謝。

4. 「奉靠耶穌的聖名祈求」說起來簡單，其實背後不簡單。因為人類像是撒旦的人質，至上神在救援的時候，不能向撒旦一拳擊打下來，這會讓降服在撒旦權勢之下的人類，也連同一併遭殃。這是至上神顧及的事。因此，為了拯救人類，耶穌必須進入受撒旦轄制的人間，來建構與神接通的道路。這牽涉到神在自然界與靈界為人類兩邊開戰，所成就的大事。也就是，在有限層次、自然界的戰場（生活的路），耶穌勝過撒旦的試探，就是勝過對於生物體（食物與安全）以及靈命（地上的榮華富貴）的誘惑（馬太4:1-11）；在無限層次、靈界的戰場（生命的路），耶穌願意進入死亡（馬太26:36-46），並從死裡復活升天（使徒行傳1:1-11），勝過撒旦使人靈死（與神分離）的權勢。讓信靠耶穌的人，得到神的饒恕與接納，靈命得到平安喜樂，並在生物體大

限之後能夠隨祂回歸天家，不必繼續降服於撒旦的權勢，不必繼續陷在偏心空心的困境。

　　人類奉靠耶穌的聖名來親近神，能夠有效，就是因為耶穌兩邊都戰勝了，在撒旦的權勢中，成功地打開神人之間的通路（圖6B-4）。

5. 我們禱告以「阿們」做為結束。阿們是「誠心誠意，願神成全」的意思。

6. 提摩太前書1:15。

7. 路加15:11-24。

8. 見上註4。

9. 自由是最高層級的創造，是神在創造人類之初，就賜給人類的「自由意志」，因此人是有靈的「活人」，這是神依其形象造人的重要內涵。所以神人之間是一種自由的關係，神不收回人類的自由。人類以此自由自願回歸於神，與神建立的神人關係，是神所珍貴的。

10. 聖靈的幫助是感動人類悔改，走上耶穌救援的道路。神並不強制我們悔改，聖靈的幫助僅止於感動，每一個人需要以其自由來回應聖靈的感動，認罪悔改。（參7C）

　　另，我們在第三章（45頁）談到人類需要神的啟示，這不僅需要神來滿足人類空心的生命，還需要神來處理人類偏心的生命。因此，神的啟示可分為兩種，第一是神對自己的啟示，讓人類認識祂，包括「一般啟示」與「核心啟示」。「一般啟示」乃透過自然界，啟示神的創造與自然律，以及透過先知，啟示神的關愛與正心律（慈愛公義謙卑）（譬如創世記1:26、彌迦書6:8、西番雅書3:17、羅馬書1:19-20）。「核心啟示」乃透過耶穌基督，神親自降臨，關愛人類，為人類開路（譬如約翰3:16-18、哥林多後書5:18-19）。第二是對人類「罪性的啟示」，讓人類知道生命得罪神，與神分離，也就是偏行己路，如羊走迷，找不到神，回不了家（譬如羅馬書3:10-12, 20, 23、傳道書1:2、以賽亞書53:6）。

第三篇

人如何追求
幸福的進深？

「你或向左、或向右、你必聽見後邊有聲音說，
這是正路，要行在其間。」

（以賽亞書 30:21）

第七章
心靈的重建

　　話說白馬王子與白雪公主為了關燈的事，吵架分房睡覺。
隔天一早被小小公主發現，問說：

　　「媽媽，妳怎麼沒跟爸爸睡呢？你們又吵架了嗎？」。

　　「呃…沒有…，我們沒事…。爸爸不喜歡冷氣，所以自己
跑到隔壁房間睡了。」白雪公主很吃力地找理由。

　　「喔，那我們一起出去吃蛋餅，好不好？」小小公主興奮
地說。白馬王子和白雪公主彼此對看，雖然都還在氣頭，但看
到小公主期待的表情，也只好點頭了。到了早餐店，看到孩子
可愛的模樣，白馬王子便小聲地在白雪公主耳邊說：

　　「對不起，我應該爬起來關燈的，燈離我比較近。」

　　「沒關係…其實我也應該體諒你開了一天的會，很累。」

　　「為了孩子，我們不要再吵架了，好不好？」白馬王子溫柔地說。

　　「嗯。」白雪公主微笑地點點頭，便牽起白馬王子的手，

一起走向櫃臺點餐。

　　點餐完畢，兩人楞了一會兒。

　　「趕快付錢啊！」白馬王子催促著白雪公主。

　　「我怎麼付，我又沒帶錢。」

　　「妳沒帶錢？妳怎麼會沒帶錢？出來吃飯一定要帶錢啊。」

　　「你有帶，你就付啊！我沒帶有這麼嚴重嗎？難道你也沒帶？」

　　「我是沒帶。第一，我沒有皮包。第二，不是每次都妳帶錢的嗎？」

　　「怎麼可以這麼說，就算我帶錢，你自己身上也要有錢啊。」

　　「好啦，算了算了，不要為這種小事吵。那妳趕快回去拿吧。」

　　「我回去拿？！明明我們兩個都沒帶錢，為什麼不是你回去拿？」白雪公主忍不住，開始用嚷的了。

　　「反正一定要有人回去拿，你就回去一趟不行嗎？」白馬王子不甘示弱地吼回去。

　　「就是不行！你從小被寵壞，以為你是全世界的中心，大家都要服事你！」

　　「妳又來了！什麼我從小被寵壞。為什麼一定要聽妳的才甘心？」

　　「你才又來了，什麼都不會，只會怪別人，只會叫別人做事。」

　　這時，一旁看爸爸媽媽吵架的小小公主「哇～」的哭了出來。白馬王子和白雪公主異口同聲地指著對方：「你看，都是你！」

不是才和好的嗎？怎麼又吵架了？！

從「和好」到「合一」

　　白馬王子與白雪公主何嘗不想同心建立溫暖的家庭，來享受幸福快樂的日子，然而他們沒有釐清「和好」與「合一」的關係，就是要先和好才能合一。而要和好，不是說聲對不起就和好了，而是需要改變自己。表層的和好隨時都會擦槍走火，甚至大爆炸，因為裡面的火種還在。換言之，「人是帶刺的玫瑰」，外表美麗英俊，裡面卻是長滿「自大、自義、自私」的刺，總是自己對，別人錯，總是刺痛對方。這樣，兩個帶刺的生命，只要靠近一點就彼此刺痛，如何能契合在一起？因此，真正的和好是自己生命的改變，除去生命的刺，成為彼此相容的生命，才能真正的和好。

　　我們跟神的關係正是如此，神是正心的生命，我們卻是偏心的生命。雖然已經做出信心的跳越，那是誠心懺悔與願意接受神在耶穌裡的救援。然而我們還是偏心的生命，有悔意但還沒有改變，與神生命的品質還是非常不相容，此時與神只有初步和好的關係。因此，在「信心的跳越」之後，還需要「信心的成長」，就是讓我們生命的德性與神愈來愈相容，來與神建立深度和好的關係，有深度的和好才能有深度的合一。

　　進一步言，「與神和好」是我們的德性成為與神同質相容的過程，這屬於「生命品質」的層面；「與神合一」則是生命空位逐漸從神得到滿足，深度落實為神的殿，屬於

「生命目的」的層面，是關乎人為什麼值得存在，是價值意義的層面。我們以「與神和好」來歡迎神的進住，「與神合一」。

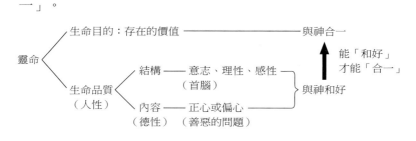

圖7C-1　靈命的內涵

去偏入正

　　要如何和好呢？就是要「有悔有改」，不要「有悔沒改」，不要繼續「偏離正路」。因為有什麼樣的生命就作出什麼樣的決定；作出什麼樣的決定，就走在什麼樣的道路；走在什麼樣的道路，就到達什麼樣的目的地。因此，要與神和好，就是要讓「偏心」萎縮，「正心」成長，簡稱「去偏入正」，來成為正心的生命，以正心來作決定，走在合神心意的道路上。

　　當我們成為正心的生命，就有如把房間打掃乾淨，歡迎神的進住，來滿足生命的空位。神人之間所以發生問題，乃是人類生命品質的敗壞偏離，而生命的品質包括意志、理性、感性三項要素。意志敗壞為自大，理性敗壞為自義，感

性敗壞為自私，這是不合神心意的德性。我們需要重建心靈的品質，來與神和好。因此「去偏入正」就是「心靈重建」的操練，來回復神形象的德性，使生命歸位。

進一步言，聖經從舊約到新約，有一個一貫的核心思想，就是神人的關係「出了問題」以及「要如何修復」。神人關係出了什麼問題？就是人類的德性敗壞為「內德不同天」，導致「天人不合一」。人類的德性已經與神不相容，無法和好，沒有人敢說「我這副德性就是神的形象」，因此神人分離，無法合一。這就有如許多夫妻鬧離婚，說到最後是個性不合，所以分手。因此，人類的德性需要修復來與神和好，才能合一。所謂合一，不是兩個生命合成一個，而是兩個生命彼此相容、互相擁有、互相接納、彼此相愛。

心靈的重建

我們做出信心的跳越，蒙神的饒恕與接納，但此時神所接納的是一個偏心的生命，是一個「自大、自義、自私」，德性與神不相容的生命。信心的跳越讓我們進入神的家，固然值得高興，但依舊是一個偏心很強的生命。對於這樣的生命神竟然願意接納進住，可見神恩的浩大。但是，我們無法在受到饒恕的同時，一下子變成「正心」的人。這是因為信心的跳越只是從「不信」到「信」，是信心的起步。雖然在初信之時，我們體驗到喜樂，這是聖靈特別的恩典，譬如有人被聖靈感動或是疾病得到醫治，讓我們經歷到神。但如果

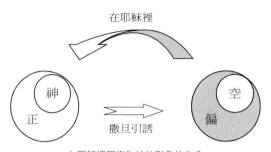

圖7C-2　心靈的重建

停留在那裡，信心沒有繼續成長，則與神的關係會逐漸枯乾，敬拜也會流於形式。

　　因此，信心的表達是關乎生命品質的問題，是悔改的問題。換言之，我們在信心跳越之後，還需要成長。信心之旅包括「信心的跳越」與「信心的成長」兩個階段。「信心的跳越」是決志悔改，「信心的成長」是悔改的實踐。一個是「悔」的階段，一個是「改」的階段。悔改不是一時的懺悔，不是只有懺悔的情緒，也不是只有悔改的意願，而是要「有悔有改」的實踐。這有悔有改的實踐就是心靈的重建，又稱內在生命的建造，或是靈命再造。就是下定決心要與聖靈合作，依靠聖靈的幫助，來建造合神心意的生命，與神和好。這是以神給我們的自由，作出「脫去舊人、穿上新人」的決定，目標是讓「基督成形在心裡」、「長大成人，滿有基督長成的身量」，來散發「基督馨香之氣」[2]，就是回復為正心神殿的生命（圖7C-2）。但這無法憑空得著，而是要以神給我們的自由，與聖靈互動，來付出我們該有的努力。

再說，人類不幸，不是因為我們偷懶，不是沒有發奮圖強，而是努力的方向錯誤，拼命追逐有限的事物。這不是說我們不能追逐有限的事物，我們的生活還是需要食衣住行等等有限的事物，但我們若把這些當做終極的價值，把玻璃珠當珍珠，並且在追逐玻璃珠的過程中互相傷害，製造彼此的苦難，這是人類的不幸。故此，人類不幸，不是因為沒有愛，而是「愛自己」太多，以「犧牲別人來愛自己」的愛太多。這種德性與神無法相容，因此，我們進行心靈的重建，就是要改變我們的德性來與神相容，來與神和好。

重建的藍圖：生命三歸

那我們要如何進行心靈的重建？關於這個問題，我們在這一章先了解進行的方向，下一章再談實際的進行。

心靈的重建就是要從「錯位」的生命，回歸到「正位」的生命，使生命的德性歸正，與神對焦。依照意志、理性、感性的順序，偏心的德性是「自大、自義、自私」，而正心的德性是「尊神、義神、愛神」。由此，要達到生命的歸位，在意志方面需要「主從歸位」，理性方面需要「價值歸位」，感性方面需要「愛心歸位」，稱為「生命三歸」。這是對生命品質「結構」的把握（圖7C-1），是人性全方位的重建。[3]

主從歸位

「主從歸位」乃從「意志」切入，以「正心的意志」來

生命三歸是意志、理性、感性全方位的生命歸位，從品質切入，以正心的德性來與神和好；也就是意志的歸位，理性的歸位，以及感性的歸位。

圖7C-3　全方位的生命歸位

取代「偏心的意志」，是尊誰為大的問題，是生命定位的問題。因為意志是人性的首腦，負責作決定，就是對自己的定位以及對利害的取捨作出決定。

「偏心的意志」以自己為最大來定位，是「自大」的德性，自命為王，唯我獨尊；並以自我的利益為準，參考理性與感性的資訊來作決定，利害衝突的時候，可以犧牲別人來愛自己。

「正心的意志」則是「尊神」的德性，神本為大，是創造主，是生命的根源，是終極的權能，是人類永恆的歸宿。這是以「神是主、我是從」，在神的面前存感恩謙卑的心找到自己的定位。謙卑不是看不起自己，而是在宇宙中找到生命的根源，找到自己在創造主面前的定位，就是神兒女的定位，稱呼創造主為「阿爸父」。這是神人關係正常化的起點，也是天人和好合一的基礎。在利害的取捨方面，則以正心的理性（價值歸位）以及正心的感性（愛心歸位）來作決定。

由是，「主從歸位」乃是操練從「尊己為人」到「尊神為大」，是尊誰為大的問題。

價值歸位

　　「價值歸位」乃從「理性」切入，以「正心的理性」來取代「偏心的理性」，是生命價值的問題，是以誰的價值為依歸的問題。因為理性負責價值與是非，向意志提供作決定的資訊。

　　「偏心的理性」是「自義」的德性，自以為是，自以為好，以自己的價值為是非的標準，並要以有限層次的事物，譬如功名利祿，來滿足生命的無限空位，這是「有限的價值觀」。這樣的生命沒有永恆的視野，有如近視，聚焦於眼前的世界，以有限的事物為終極的價值，為上好的福份。

　　「正心的理性」則是「義神」的德性，以神為義（對、好），是神所是，非神所非。深知神是生命的根源，只有神才能滿足人類生命的空位，才能除去人類結構性的不安與空虛[4]，是人類幸福之所寄。因此神本身是終極的價值，是人類上好的福份[5]。這是「永恆的價值觀」，認識神是創造主以及認識自己生命的永恆性，以神的價值為是非的標準，以神的價值為依歸。

　　永恆的價值觀並且了解做為具有生物體的人，不能忽視世上的生活，而是需要兼顧「永恆」（無限）與「現世」（有限）兩個層次的需要，但以永恆的生命為優先。換言之，「永恆的價值觀」雖然認同有限事物的價值，但以創造主為終極的價值。當人以「有限的價值觀」來追求幸福的時候，只追逐有限的事物，那是追求生活的幸福，把握不到生

命的幸福。只有採取「永恆的價值觀」，才能把至上神與有限的事物放在正確的優先順位，兼顧生命與生活的幸福。

因此，價值歸位使我們釐清生命與生活的關係。雖然我們「生命的路」與「生活的路」兩條路都要走，都有價值，然而兩者卻是「終極價值」（永恆）與「次要價值」（短暫）的關係。我們需要以平安喜樂的生命來過世上的生活，與有限的事物保持適當的距離，役物而不役於物；讓我們生命的價值來自於神的肯定，而不是來自於人的肯定，也不是來自於擁有許多有限事物的自滿。

由是，「價值歸位」乃是操練從「自以為是」到「是神所是」，以永恆的價值觀來取代有限的價值觀，這是以誰的價值為依歸的問題。

愛心歸位

「愛心歸位」乃從「感性」切入，以「正心的愛」來取代「偏心的愛」，是生命情歸何處的問題，是把愛優先指向誰的問題。因為感性負責愛恨好惡以及愛心的優先順位，向意志提供作決定的資訊。

「偏心的感性」是偏心的愛，是「自私」的德性，其順位是第一愛自己，第二愛親友，第三愛其他人，第四愛自然界；神則不在考慮之列，或是排在第五，是要任自己使喚的超級僕人。這樣的順位以自己為優先，一切的人、事、物、甚至是神，都要來滿足自己的欲望；當利害衝突時，即使是親友也可以反目成仇。對於自然界，則為了利益可以任意破壞污染。這是一個貪心不足，會佔為己有、獨吞的生命。這樣的生命以自己為終極情愛的歸屬，一切的努力都是為了愛自己。

　　「正心的感性」是正心的愛，是「愛神」的德性，其順位是第一愛神，第二愛親友與其他人，第三才是愛自己，第四愛自然界。這樣的生命以神為終極情愛的歸屬，把愛優先指向神，以去偏入正來愛神，繼而愛人愛己。在這裡自然界排在人的後面，因為神將自然界交由人類治理[6]。在所有受造物當中，人類是有靈的活人，位階高於自然界。神要人類治理自然界，但是要以正心的生命來管理、愛惜、與保護，這是神所託付的任務。

　　由是，「愛心歸位」乃是操練從「愛己傷人」到「愛神愛人」，這是愛心優先順位的問題。

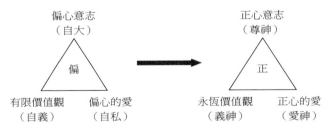

心靈重建是德性的重建，
從偏心的德性重建為正心的德性。

圖7C-4 去偏入正、生命歸位

窮得只剩下錢

正心與偏心

　　為什麼正心是好，而偏心不好？以正心來說，假如世界上總人口有一萬人，其中九千九百九十九個人都以你為優先，都優先考慮到你的利益，幫助你，不會傷害你，會在背後說你好話，而你也這樣對待他們。大家互相禮讓，互相扶持，互相關懷，互相建立。這不是很好嗎？這會有戰爭、暴力、欺壓、詐騙嗎？世界不早就和平了？

　　但是如果這一萬人都是偏心，都以自我為中心，其中九千九百九十九個人在利害衝突的時候，都把你當成敵人，會傷害你，在背後說你壞話，而你也這樣對待他們，人人都陷入四面楚歌裡面，如何能有幸福？難怪不論是獨裁的國家或是民主的國家，都需要依靠法律、警察、法院、軍隊來維持國內的秩序以及保障國家的安全，這正是我們世界目前的光景（參輔1）。

重建的階段

　　我們希望自己是正心的生命，活在正心的世界。但往鏡子一照，卻是偏心的生命，是意志、理性、感性三方面都敗壞的生命。我們的視野還是停留在有限的層次，我們的心思還是以自我為中心。這麼敗壞的生命要改變過來，無法馬上合神心意，一步到位。就如剛出生的嬰孩，不可

能洗個澡就成為大人。

靈修雙錐圖

因此，心靈重建是去偏入正的過程，是一個轉化的過程，從「以自我為中心」轉化為「以至上神為中心」。這個過程有如一個雙錐圖，稱為「靈修雙錐圖」，由兩個相反的圓錐重疊而成（圖7C-5）[7]。進程與時間的方向由下往上走。下方是「讓出錐」，讓出偏心的老我，由大而小。上方是「讓入錐」，讓入正心的新我，由小而大。「讓出錐」代表在重建的過程中，「自大、自義、自私」的德性逐漸式微，「讓入錐」代表「尊神、義神、愛神」的德性逐漸成長。這樣，心靈的重建包含了意志的重建、價值的重建、以及愛心的重建；就是偏心的意志、有限的價值觀、以及偏心的愛逐漸淡出，而正心的意志、永恆的價值觀、以及正心的愛逐漸茁壯。

重建四階段

心靈重建的過程，是整個「偏心結構」的萎縮、以及整個「正心結構」的成長，這是一個動態的信心成長之旅。由於人們存活在「不安空虛」的孤單，以及「偏心意志」的互傷之中，這個重建之旅一路上都有路障，無法直線成長，有前進，有停頓，有後退。這些路障包括偏心意志的發作、別人的傷害、財富權位的思慮、知識的吸引[8]、活動的忙碌、肉體的情欲、或是信心的軟弱，使得去偏入正的進度時而停頓，時而後退。然而神是鑒察人心的神，只要我們誠實倚靠

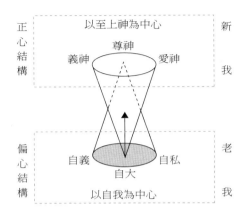

圖7C-5 靈修雙錐圖：正心的結構與偏心的結構

聖靈，繼續努力，終究會呈鋸齒狀，不疾不徐地穩定成長，並且愈來愈穩。

隨著重建的進行，我們的偏心會逐漸式微，正心逐漸茁壯。這個生命重建的大工程，其進展的速度就看我們的決心以及與聖靈互動的誠意而定。與聖靈互動就是向聖靈表達要去偏入正的意願，祈求聖靈幫助。聖靈並不強制我們悔改，聖靈是感動我們悔改，我們如果回應聖靈的感動，願意悔改，聖靈就進一步幫助我們，讓我們愈來愈是正心的生命。

在整個重建的過程中，品質的改變可分為「有悔沒改」、「有悔漸改」、「有悔多改」、以及「有悔全改」四個階段。這是一個動態的成長之旅。生命需要成長，需要提高與神德性的相容度，才是與神和好。因此操練要持之以恆，每天誠實進行，大約三年就可以從「有悔漸改」的階段進入

「有悔多改」的階段。換言之，「有悔漸改」大約需要三年的時間。但這只是一個平均數，每個人快慢不一，就看個人的決心與誠意。重點是早開始，早成長，早蒙福。

再者，與神和好就是改變生命來歡迎神的進住，來進入與神的合一，落實為神的殿。正如與神和好有四個階段的成長，我們與神合一的程度也需要逐漸進深。這就好比聖殿有外殿、內殿、聖所、至聖所的深度，我們與神的關係也需要從外殿的關係而進入內殿、聖所、至聖所的關係。因此心靈重建就是透過有悔有改的進程，繼續向神打開心門，歡迎神深度的進住。[9]

然而，要如何進行心靈的重建，如何進行去偏入正的操練？我們在下一章討論。

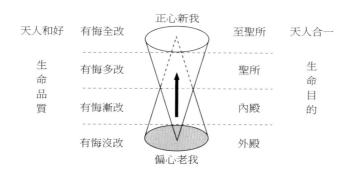

圖7C-6 心靈重建四階段：品質與目的同步成長

窮得只剩下錢

【思考問題】
□ 什麼是「和好」？什麼是「合一」？為什麼兩個生命需要「和好」才能「合一」？
□ 主從歸位、價值歸位、與愛心歸位，這三項歸位的內容是什麼？為什麼這三項歸位是生命全方位的重建？為什麼生命需要全方位的成長？
□ 心靈重建為什麼是一個動態的信心成長之旅？為什麼呈鋸齒狀成長？從生命的「品質」與「目的」的角度，信心成長之旅有哪些階段？

1. 羅馬書 3:12。

2. 參哥林多後書 2:15，加拉太書 4:19，以弗所書 4:13, 20-24。

3. 對於人性的品質，要如何全方位的把握？這問題的重點在於生命的德性（品質）要如何了解？蓋靈命屬於無限的層次，不是簡單一個向度（譬如理性）就能涵蓋與說得清楚。因此，對於無限的生命需要加以切割，從不同的向度以有限層次的語言來加以說明，但又不能切得太細，以免治絲益棼。這樣，要如何切割，如何提綱挈領，才不會太瑣碎，又能整体把握得好？本書從「主從歸位、價值歸位、以及愛心歸位」三個向度來操練，就是以「意志、理性、感性」來切入，把握到生命品質的結構，是全方位的把握（圖7C-1，圖7C-3）。從這三個向度來操練，就能夠化繁為簡，幫助我們整個生命全方位的成長。

　　當三個向度成長的速度不一，譬如某一項歸位成長較慢，另一項歸位成長較快，則整個生命成長的程度以較慢的為準，因為這是一個生命，不是三個生命。譬如正心的生命不可能非常有愛心卻不謙卑。如果是非常有愛心卻不謙卑，則生命成長的程度以謙卑的程度為準，因為那愛心有私心虛假的成份。

4. 為什麼是結構性的？因為這是不能改變的。以房屋為例，一棟房屋的大樑與柱子不能

改變，因為大樑與柱子是房屋的結構，支撐著房屋，如果改變，房屋就會倒塌。人的生命本是神的殿，需要神的進住才能幸福，這是結構性的需要，不能改變。而今神人分離，人類生命中神要居住的所在騰空，結構改變，成為空心的生命，難怪會不安空虛，這是結構性的難題。結構性的難題需要從結構而來解決，就是歡迎神的進住，不是以其他的事物（有限的事物）來替代填補，或是把需要得到滿足的欲望加以抑制。

5. 神是「終極的價值」，這與「上好的福份」有什麼關係？蓋生命的原則是追求幸福，而人類的幸福在於生命深處的空位得到滿足。因此，從靈命的角度，能滿足生命空位的事物才重要，才有價值，才值得追求，追求起來日子才過得有意義。有限的事物只有暫時性與階段性的滿足，因此是次要的價值，是次要的福份。人類為了生活的幸福，還是需要這些事物，譬如食衣住行等等，追求這些還是有意義。但是只有神才能終極滿足人類生命的空位，因為神是生命的根源，是終極的價值，能終極滿足，把握到神就把握到生命的終極意義。這樣，只有神終極滿足我們生命的空位，是終極的價值，因此是上好的福份，是我們最需要的"珍珠"，而有限的事物是次要的福份，是滿足短暫需要的"玻璃珠"。

6. 創世記1:26-28。

7. 參Gabriel Moran, Religious Education Development -- Images for the Future, (Minneapolis：Winston Press, 1983), pp. 111 & 219

8. 知識是需要的，就像地圖，讓我們知道路要怎麼走，才好上路。但如果不上路，知識並不能帶領我們到達目的地。同理，從心靈重建的角度，如果單單知道罪神需要去偏入正，而生命沒有真正去偏入正，沒有將真理落實到生命，則真理知識的增加，對生命不僅無益，還會有損。無益，因為知識本身無法讓我們得到神的進住，我們還是偏心的生命，還是知行不合一，與神疏遠；有損，因為知識會讓人的自高自大膨脹，造成大頭病，成為知識的巨人，新生命的侏儒，能說不能行。如果我們確實進行去偏入正的心靈重建，則真理知識的增加，對我們的靈命才有幫助，讓「真理的知識」與「生命的成長」相輔相成，與神愈來愈好合一。參圖8C-2。

9. 我們的生命要落實為神的殿，歡迎神的進住，從外殿、內殿、聖所、到至聖所，這是歡迎神進入我們的生命，由淺入深，與神愈親密。我們用「神的殿」來表達，不是我們要進入舊約時代在耶路撒冷的聖殿。我們這裡提到外殿、內殿、聖所、至聖所，只是作為比喻，表示我們每個人歡迎神，跟神合一的關係有深淺不同的程度。因此我們需要與聖靈合作，去偏入正，透過生命品質（德性）與神愈同質相容，來與神有深度的合一，讓生命的空位得到神深度的進住，得到神所應許的真正恆常的平安喜樂。再說，我們的生命是神要居住的所在，是神的殿，但是「以自我為中心」、「自大、自義、自私」的德性，是污染神的殿，阻擋神的進住。由於神給我們自由，是有靈的活人，神不強迫進入，因此，我們需要願意與聖靈互動，去偏入正，來歡迎神，來落實我們的生命做為神的殿的目的。

第八章
心禱

-- 心靈重建的禱告

　　有個社區為了推動綠化運動，決定舉辦社區園藝比賽。社區的居民非常高興，家庭主婦都積極參與，也希望藉此美化自己的家園，尤其是麗芳和淑雲都非常渴望贏得這場比賽。

　　日子一天天過去，大家辛苦種植的花草終於發芽、長大、開花。放眼望去，就是麗芳和淑雲這兩家的花最美。比賽初期常看到她們兩人在花園工作，但奇怪的是，麗芳家的花，常常需要照顧才能保持花朵的美麗，而淑雲家的花卻似乎不太需要照顧。

　　評審的前一天，大家忙著做最後的照料，到了晚上，大家帶著興奮的心情就寢。次日一早大家都大吃一驚，因為昨夜突然氣溫下降，花朵上都鋪蓋了一層薄霜，把花凍傷了。

　　這時麗芳家的花，雖然時常照顧，還是承受不了寒冷的氣溫，花容失色。唯有淑雲家的花只受到一點點傷害，還是非

常美麗，因而贏得了這場比賽。大家都好奇地問淑雲有什麼秘訣。淑雲回答說：「要有好的園藝就要先植土。我只是把植土的工作做得很徹底，並定期施肥澆水。土壤是基礎，有好的照顧，根部健康，花草自然容易健康美麗。」

　　許多基督徒像麗芳一樣，在信仰的旅程很努力照料生活的事項，其實我們更要打造的，是生命的基礎。當我們進行心靈的重建，與神的關係和好暢通，生命有平安喜樂，生活就有力量。

生命的禱告

我們要去偏入正、與神和好，邀請神來滿足生命的空位，解決「空心」的困境，就需要禱告。

談起禱告，由於人生的路有兩條 -- 「生活的路」與「生命的路」，因此，禱告也有兩種；一是「生活的禱告」，一是「生命的禱告」。生活的禱告乃為有限層次的生活來禱告，譬如食衣住行、求學、工作、事業、感情、婚姻、家庭、子女、教育、疾病、退休等等事項。我們將這些事項帶到神的面前，求神帶領，求神保守，求神幫助，求神賜福。

至於生命的禱告，乃是為了使我們的生命合乎神的心意，與神和好，來落實為神的殿的禱告；是祈求聖靈幫助我們「去偏入正」的禱告；是「脫下舊人、穿上新人」的禱告；是「心靈重建」的禱告，簡稱「心禱」。因此，信心要成長就需要進行心禱，就是進行去偏入正的操練，與聖靈合作，來實踐悔改的決定，而非只為生活來禱告。

心禱的結構

由於生命要先「和好」才能「合一」，因此心禱需要從「生命的品質」切入，去偏入正，把正心的品質內化到生命裡面，提高與神生命德性的相容度，來與神和好。當我們提高與神生命德性的相容度，就是以正心來歡迎神的進住。

但我們要從生命的品質切入，就需要知道什麼是合神心意的「正心品質」以及什麼是不合神心意的「偏心品質」。這就需要研讀聖經，透過聖經來了解如何與神和好。因此，心禱的結構乃「根據聖經」，從「生命的品質」切入，來達成「生命的目的」。這就有如上述園藝比賽的故事，要有好的園藝，就要先植土，也就是要合一，就要先和好。

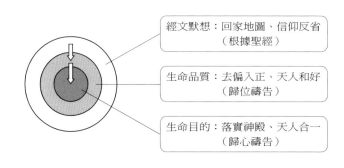

經文默想：回家地圖、信仰反省（根據聖經）

生命品質：去偏入正、天人和好（歸位禱告）

生命目的：落實神殿、天人合一（歸心禱告）

心禱的結構乃根據聖經，從品質（德性）到目的（價值），從和好到合一。

圖8C-1 心禱結構

窮得只剩下錢

研讀聖經

耶穌說:「我就是道路、真理、生命。若不藉著我,沒有人能到父那裡去。[1]」 換言之,耶穌是我們回天家的「道路」,而這條道路包括「真理」與「生命」。我們要回家,要回到生命的根源那裡,就必須了解真理,也就是要了解影響我們幸福的事物的真相,要知道生命幸福的道路怎麼走,接著生命要上路。

讀經層面

因此,聖經不是「神」而是「神的話」,是神告知人類如何透過耶穌基督,來回天家得幸福的地圖。從心靈重建的角度,研讀聖經有兩個層面,一是「知識讀經」,一是「生命讀經」。「知識讀經」就是要了解經文的背景與內容。「生命讀經」就是為了將真理的知識落實到生命而讀經,是在「知識讀經」的基礎上,更進一步從經文中辨認「正心與偏心」的生命品質,以便進行「生命的禱告」,就是「去偏入正」的禱告。

進一步言,一般在「知識讀經」之後,還要將經文應用到生活的層面,但人類生命出了問題,「知」與「行」之間還有一個「偏心的意志」,會明知故犯。因此在「知識讀經」之後,需要進行「生命讀經」與「生命禱告」,來與聖靈互動,去偏入正,重建心靈;讓正心的生命逐漸成長,合神心意,才能行出聖經的教導。如果只有讀經,而沒有進行去偏入正的心禱操練,那就好像只有研究地圖,卻沒有上路。

圖8C-2 道路、真理、生命

　　因此，我們讀經，就是要在耶穌基督裡，以聖經做為回歸天家的地圖，來進行信仰的反省，檢視自己的生命，看與神德性相容的程度有多少，所作的決定是否合乎神的心意，以及要從哪裡進一步改變自己。我們透過這樣的檢視來進行心禱操練，將聖經的真理內化到生命。神本來就在我們的心門外面叩門（聖靈的感動）。我們只要開門，神自然就進入。進入的深度就看我們開門的程度。因此開門是我們的責任，進入是神的事情，我們有沒有開門才是關鍵。而門有三大道，就是意志（主從）的門，理性（價值）的門，以及感性（愛心）的門；並且每道門還有不同程度的門。我們如何開門？就是要進行去偏入正的心禱操練，讓生命歸位。

讀經模式

　　然而，聖經這麼一大本，要如何進行讀經？我們為了心禱的目的，讀經可以有兩種模式來進行，一是「整本讀經」

的模式，一是「段落讀經」的模式。

　　「整本讀經」就是以整本聖經，來進行知識讀經與生命讀經，也就是了解整本聖經的一貫核心思想，並整理出正心偏心的生命品質，來進行去偏入正的心禱操練。關於整本聖經的一貫核心思想，關鍵就是「人類的困境」以及「神的救援」，這是「知識讀經」的層面，本書各章已有陳述。至於「生命讀經」，就是要從聖經中辨識神對我們生命品質的期待，本書也已整理，就是主從歸位，價值歸位，以及愛心歸位。此生命三歸是去偏入正的內容，是我們心禱操練的重點。有關這生命三歸的內容，請參考本書第七章（7C）與輔助資料二（輔2）。進行心禱時可以使用「雙愛心禱光碟」（A段），依照主從歸位、價值歸位、以及愛心歸位的順序，每天輪流操練一項歸位。此外，如果目前生命的光景有特別的需要，譬如需要饒恕，則不論操練哪一項歸位，都可以在去偏入正的禱告中，祈求聖靈幫助自己能夠饒恕。

　　至於「段落讀經」，也包括知識讀經與生命讀經兩部份。就是在心禱之前自行選定一段經文來進行知識讀經，這可以是每天讀經的經文。接著進行生命讀經，從「生命品質」的角度，在經文中找出「去偏入正」的項目，並進一步將這些項目依照生命三歸來分類，以便進行操練。三歸的內容也請參考本書三歸的資料（7C、輔2），加上該段經文的內容以及自己目前生命的光景，來決定該次心禱去偏入正的項目。對於生命讀經方面，請參考輔助資料三（輔3）生命讀經的範例。

　　聖經中每一段經文有的可以找到三項歸位的項目，有

的只能找到一項或是沒有。如果本次經文沒有這次輪到要操練的歸位的項目，則以這次輪到的歸位來操練。譬如上次操練主從歸位，這次輪到價值歸位，但這次經文中沒有價值歸位的內容，則還是以價值歸位來操練。如果能從經文中找到兩項或三項歸位的內容，且包括這次要操練的歸位，則以這次的歸位來操練。但如果清楚生命三歸的內容以及三歸之間的分際，則可以把該段經文有關的歸位一次操練。就長期而言，「主從」、「價值」、「愛心」三項歸位要盡可能輪流操練，讓生命全方位平衡成長。[2]

讀經模式＼讀經層面	知識讀經	生命讀經
整本讀經	聖經中神全盤的拯救計劃（圖12D-4）	從整本聖經來歸納正心與偏心的內容，依照生命三歸加以分類。心禱時以此三歸為主軸來輪流操練。
段落讀經	該段經文的背景與內容	從該段經文中，參考「7C」與「輔2」來辨識正心與偏心的內容，依照生命三歸加以分類來進行操練。（參輔3）

圖8C-3 讀經層面與讀經模式

定時心禱

我們進一步來談如何進行心禱？通常我們禱告的時候，想閉眼就閉眼，想張眼就張眼。嚴格來說，這對神非常沒有禮貌，我們會見一位長官也不能這樣隨便硬闖驟離。還好神滿有慈愛恩典，還是接納我們的禱告。然而進行生命的禱

窮得只剩下錢

告，不僅禱告需要神的接納，我們這個生命本身更需要神的接納。因此生命的禱告是一種需要生命安靜的禱告。如果生命沒有安靜下來，頭腦裡面還是忙碌，心情也不平靜，這樣無法專注在神的面前，很不恭敬。我們在耶穌基督裡可以自由親近神，但也不能隨便不敬。

　　原則上我們每天固定撥出一個適合自己作息的時間，約二十分鐘或更久，來進行「定時的心禱」。這要選擇精神良好的時候，將那段時間分別為聖，獻給神，與神有約。我們每天操練一項歸位，輪流進行，並持之以恆。操練時不要出聲，內心默默向神禱告，這是以安靜的生命來親近神，同時學習用心靈跟神交流，以便操練到一定的程度，可以不出聲，生命隨時隨地進入與神的同在。

　　至於心禱的姿勢，要依照自己健康的狀況，做出端正的姿勢來表達內心的恭敬。姿勢的重點不僅是對神的恭敬，同時要避免因姿勢不當而腰酸背痛，影響心靈與神交流的品質。此外有些姿勢，譬如坐姿，從外表看來，似乎與靜坐或其他修練的方式相同，這讓一些人感到疑惑。其實人類生命要安靜下來，並且要持續一段時間，「鬆、靜、端正」是依照生物體骨骼與肌肉的結構，自古以來，共同揣摩出來的結論。因此外表的姿勢看起來雖然雷同，內在的心靈活動卻是不同，關鍵在於禱告的對象是誰。禱告的對象如果是三位一體的至上神，那就是基督信仰的禱告。如果是其他的對象或是放空，那不是基督信仰的禱告。

　　此外，心禱之後需要書寫靈修筆記，將去偏入正的內容記錄下來，加深了解自己目前操練的焦點，以及反省目前生

命有悔有改的程度。

心禱流程

定時心禱的流程如下（參輔5、輔6）：

1. 恭敬預備心
2. 開始的禱告
3. 經文默想：回家地圖，信仰反省
4. 歸位禱告：去偏入正，天人和好（生命品質）
5. 歸心禱告：落實神殿，天人合一（生命目的）
6. 結束的禱告
7. 恭敬結束

歸位禱告

心禱流程中第四個步驟「歸位」的禱告，乃是從錯位到歸位，是關於生命品質的層面；是以「生命三歸」為主軸，來進行去偏入正，與神和好的禱告。

由於心禱讀經的模式有「整本讀經」與「段落讀經」兩種，我們進行心禱時，依照模式的不同，「歸位禱告」的流程會稍有不同。（參圖8C-4，光碟片隨本書附送。）

如果採取「整本讀經」的模式，知識部分可參考本書各章，或第十二章的「圖12D-4」與「圖12D-5」。
心禱時則依照「雙愛心禱光碟」（A段三歸），配合「三歸心禱流程」（輔5）來進行。此時可以參考本書的三歸資料（7C、輔2），來對三歸內容的了解。
在此特別一提，光碟「A段三歸」的心禱隨時都可以

使用，尤其是對於開始操練的人，可以幫助熟悉三歸的內容與心禱的方式；對於忙碌的人可以幫助心禱不至於中斷；對於夫妻或家人一起心禱，可以幫助心禱容易進行。

· 如果採取「段落讀經」的模式，關於生命讀經請參考「生命讀經範例」（輔3）以及本書的三歸資料（7C、輔2），來協助辨認經文中去偏入正的項目。歸位的禱告要包括生命與生活兩方面，就是包括祈求聖靈幫助我們生命的去偏入正，以及祈求聖靈幫助我們在生活中活出正心的生命。讀經之後，心禱可用「經文心禱流程」（輔6），並以「雙愛心禱光碟」（B段音樂）來配合進行。

讀經模式＼輔助工具	整本讀經	段落讀經
書面流程	三歸心禱流程（輔5）	經文心禱流程（輔6）
光碟	「雙愛心禱光碟」（A段）	「雙愛心禱光碟」（B段）

圖8C-4　讀經模式與心禱輔助工具

歸心禱告

心禱流程中第五個步驟「歸心」的禱告，乃是從離心到歸心，是關於生命目的的層面。在與神和好（生命歸位）的基礎上，我們安靜在神的面前，來進行與神合一的禱告。我們以「神啊，我的心切慕祢[3]」的心情，向神發出內心的嚮往

與渴慕，在神面前「定靜交心」。「定靜」是生物體與靈命完全靜止，全身放輕鬆，停止思考，但心眼注目於神，意念與神對焦；「交心」是將高傲自大的自我交給神，進入感恩謙卑、尊神為大、完全降服的生命狀態，我們以此來歡迎神的臨在。我們的生命是神的殿，是神藉著聖靈居住的所在。此時只要謙卑，安靜地進入我們生命的深處，單單渴慕神。

神說「你們要休息，要知道我是神。[4]」這裏的「休息」是完全的靜止，讓神掌權。這時整個生命定靜於神，將生命的「負擔」放在神的身上，請神做主。詩篇六十二篇1節說「我的心默默無聲，專等候神。」用白話文來說，是「不管別人怎麼說，對於祢，我的神，我整個生命在祢的面前靜止。」此時如同葡萄樹與枝子的連結，神在我們裏面，我們在神裏面，安靜享受神的同在。[5]

開始時可以用一個字或幾個字，譬如「主」、或「阿爸父」、或「主耶穌」、或「親愛的聖靈」、或「三一真神」、或「我的主我的神」，向神默默重複發出內心的渴慕[6]。然後一言不發，以感恩的心情，完全安靜謙卑在神的同在裏面。[7]

譬如開始時從內心默默、慢慢重複呼叫「主耶穌」，約一分半鐘，讓我們的生命安靜下來，並與主耶穌對焦[8]。其實呼叫多久不是重點，重點是要呼叫一段時間，讓內心完全安靜下來，沉澱再沉澱，與神對焦，然後停止呼叫，進入生命的深處。此時全神貫注在神身上，以生命來渴慕神。此時一切都靜止，單純地相信仰望，意念守住神，生命感受神。

此時特意與一切的「人、事、物」切斷，不做任何聯想，只專注在神身上；也特意與「過去」和「未來」切斷，

窮得只剩下錢

不要回憶過去的事，也不要思想將來的事，整個人在「靈裡面」以及在「現在」（當下）與神在永恆裡同在。此時的禱告是整個人透明在神的面前，是一種歸心、回家、藏身主裏的生命狀態；是一種生命深處降服於神、依靠神、感謝神、讚美神的生命狀態；是以單純的信心、入定於神、在生命深處「與神對晤」（面對面、心連心）的生命狀態；其餘的就交給神。這部分的禱告愈久愈好。

歸位與歸心

歸位是生命的德性回復為天家的氣質；歸心是認主歸宗，回家團圓。歸位的禱告是針對「偏心」的德性；歸心的禱告是針對「空心」的需要。歷世歷代以來許多基督徒在進行靈修禱告的時候，都是針對偏心與空心來禱告，一面去偏入正，一面空心得到神深度的滿足。然而也有基督徒在進行靈修禱告的時候，焦點放在空心的需要，只有歸心的禱告，而忽略歸位的禱告。禱告時雖有感覺，但因為偏心不改，禱告之後與神若即若離。有的基督徒雖然對於偏心加以重視，透過自省、抉擇、行動要來除去偏心的德性，但實際操練起來，常常從生活的層面著手，針對外部的行為來克制修剪，致使生命進展緩慢。這種以壓抑克制的方法來處理偏心的品質，不僅非常辛苦，並且常有挫折，心有餘而力不足。這就好像忙著滅火，火勢卻依然竄出，因為沒有滅掉火源。

其實，有偏心的品質才會有偏心的行為。本書所敘述歸位的禱告，就是針對偏心的品質，來與聖靈互動，祈求聖靈幫助我們去偏入正，改變自己。這是從滅除火源著手。火源減弱或滅除，生活中偏心的行為自然減少，乃至於無疾而終。本書特別強調「歸位禱告」的重要性，就是要滅除火源。

「歸位」是「歸心」的基礎。這是以生命歸位、與神和好的四個階段（即有悔沒改、有悔漸改、有悔多改、以及有悔全改的動態進程），來建立與神合一的關係。讓我們的神人關係，能夠循序漸進，從外殿而內殿、而聖所、而至聖所。神要居住在我們的生命，但依照我們與神和好的程度，每個人與神合一的深度會有不同，有外殿的程度、內殿的程度、聖所的深度、以及至聖所的深度。這是以和好的程度，來決定合一的深度。（參圖7C-6）

嚴格來說，我們努力的焦點是「歸位的禱告」。當我們的去偏入正有了成長，愈來愈是正心的生命，就是給神空間，神就依照我們成長的程度自然進住，不必我們費心。因為神本來就要進住，是我們的偏心把神擋在門外。因此，我們如果有悔沒改，則不是我們一直渴慕等候神，神就進來。神因耶穌的緣故，在我們決志受洗時就進到外殿；我們如果停留在那裡，偏心不動，而神還願意理會我們，願意屈就在外殿，這是神極大的恩典與耐性。我們如果停留在這種有悔沒改的邊緣地帶太久，會很容易因我們的偏心意志而滑出神的同在，再度如羊走迷，與神分離。

最後，關於「歸位」與「歸心」的區別，簡單地說，歸位是歡迎神，歸心是渴慕神。歸位歸心就是一面改變生命

歡迎神，一面渴慕神的內住。因此，歸位的禱告乃是與神對話，祈求聖靈幫助我們「去偏入正、改變自己」；要以合神心意、與神相容的德性，來與神和好，歡迎神。歸心的禱告乃是在歸位的基礎上渴慕神，與神對晤，享受神的同在，是屬於神生命共同體的感覺。這是以「生命三歸」為主軸，有目的、有條理、有系統地進行心靈重建的禱告：

- ・「有目的」就是從生命的品質到生命的目的，從歸位到歸心，從和好到合一，生命的德性與神相容，生命的空位從神得到滿足。
- ・「有條理」就是根據聖經，以主從歸位、價值歸位、以及愛心歸位來切入，條理分明。
- ・「有系統」就是以生命品質的三項要素，「意志、理性、感性」，做全方位的把握，讓我們能夠提綱挈領，化繁為簡，以生命三歸為主軸，不僅為生命的去偏入正來禱告，也為去偏入正應用到生活來禱告。整個過程由內而外，以生命品質的改變，來帶動生活行為的改變。讓我們與神和好，並依和好的程度，來達到與神合一的深度。這是一個可以有效操練，生命與生活雙修的完整系統。

意願不是決心

然而，要有效操練，我們不能有口無心，不能有意願卻不下決心。每天的心禱操練要持之以恆，確實執行，這樣才

能與聖靈建立重建的動力，讓基督的德性成形在心裡，長大成人，享受與神深度合一的果實。

　　據說有位仁兄身高170公分，體重高達100公斤，不僅外型肥胖，更是高膽固醇與高血壓，醫生強烈建議要減輕重量。於是想說不減肥不行了，尤其是要拒絕甜點的誘惑。有一天開車來到市中心，經過一家新開張、裝潢美麗的西點麵包店，櫥窗裡蛋糕的顏色與樣式更是可口誘人，讓這位仁兄內心好生掙扎，於是開口向神禱告：「神啊！如果下車買蛋糕是祢的旨意，求祢讓我找到停車位。」結果，買了一盒蛋糕回家大吃一番。家人不解地問：「你不是說要減肥了嗎？」他說：「感謝神！我禱告之後，開車繞了七、八圈，終…於找到了停車位，這不是神的旨意又是什麼呢！」

　　這是神的旨意嗎？不，這是找神來墊背！是先有立場再找理由。類此，悔改的意願如果沒有貫徹執行，那只是意願而已，不是決定，還是有悔沒改。

　　因此，有了「悔改」的意願之後，還需要貫徹執行才是決定，要從「偏心」的生命重建為「正心」的生命，才叫「有悔有改」，包括有悔漸改、有悔多改、以及有悔全改的進程。如果是有悔沒改或是有悔少改，則還是自大、自義、自私很強的生命，沒有給神多少進住的空間。

　　第七章提到「有悔漸改」的階段平均需要三年的時間，這不是很長。從現在做起，三年之後，比讀個大學還短，就

可以進入「有悔多改」的階段，與神進入「聖所」的關係，更多地經歷神，體驗神的恩典。否則，停留在原地踏步，三年之後，甚至二十年三十年，還是「有悔沒改」或是「有悔少改」，跟神的關係還是很疏遠。

心靈重建需要時間，更需要執行力，不能只有意願，不作決定，沒有貫徹。我們需要鍥而不捨，一點一滴日益精進，終必長大成人，滿有基督長成的身量。在操練的初期，正心的成長比較緩慢，因為偏心還是很強，衡量要以「年」為單位，今年跟去年比，明年跟今年比。但如果每天操練，平均三年之後可以進入有悔多改的階段，超過圖8C-5的中線，此時進展的速度就會加快，並且穩定輕省。這時生命裡面會像是有個自動糾錯的系統，跌倒能馬上爬起來，因為與聖靈已經建立起密切契合的關係。（參圖7C-6與圖8C-5）

因此，我們在做出「信心的跳越」之後，需要重建心靈，使生命愈來愈合乎天父家的德性，這是「信心的成長」。如此，生命之路肇始於「信心的跳越」，貫徹於「信心的成長」。

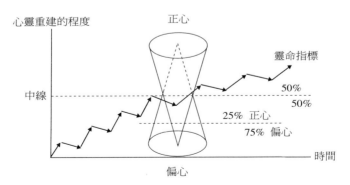

中線為概念上心靈重建到正心偏心各50%。

圖8C-5　靈命成長曲線

與聖靈互動

　　最後，整個心禱的進行就是要與聖靈互動，因為我們需要依靠聖靈的幫助，心靈才能得到重建。偏心的人類無法依靠自己的力量來改變生命，最多只是節制一些表層的行為。為什麼？因為第一、偏心已經是我們生命的內容，我們無法自廢武功，所謂「江山易改，本性難移」。第二、這本性就是以自我為中心來作決定的偏心意志，是撒旦對人類的轄制，人類無法跳出。因此我們需要依靠聖靈的幫助，而聖靈的幫助是透過「感動」與「幫助」在進行。首先、聖靈感動我們知罪受洗；在我們受洗之後，聖靈感動我們去偏入正。如果我們回應聖靈的感動，願意去偏入正，進行定時的心禱，則聖靈幫助我們改變。然而聖靈的幫助不是像閃電那麼明顯，而是無形的，也就是，我們如果持續每天定時心禱，經過一段時間，我們會發現自己不知不覺中改變了，譬如從前會罵人的事，現在不罵了；從前驕傲，現在不再那麼驕傲，甚至能謙卑柔軟下來了；從前會貪心，現在逐漸不貪了；從前會擔心的事，現在愈來愈能放手依靠神了。如此，我們所要做的是在神的面前誠心願意改變，並且貫徹每天的心禱操練，向神祈求，聖靈會負責祂要幫助的部份。

　　如此，聖靈與我們的互動有感動與幫助。當我們對於聖靈的感動有積極的回應（操練），聖靈就幫助我們成長，本性就能夠移動；此時聖靈會進一步感動，讓我們一步一腳印地成長。如果我們沒有回應，則聖靈與我們的互動僅止於感

動，聖靈不用「擒拿手」強押我們回去，像是抓「犯人」似的。我們需要以神給我們的自由來回應聖靈的感動，有悔有改，不要消滅聖靈的感動。[9]

【思考問題】

☐ 禱告有哪兩種？為什麼有兩種？

☐ 心禱為什麼重要？歸位禱告是什麼？歸心禱告是什麼？心禱的結構為什麼要「根據聖經」，從「歸位和好」到「歸心合一」？

☐ 在你的禱告中，生活的禱告與生命的禱告比例如何？這兩種禱告的關連何在？

---

1. 約翰福音 14:6。

2. 關於全方位成長，參 7C 註 3。

3. 詩篇 42:1。

4. 參詩篇 46:10。

5. 參約翰 15:5。

6. 馬太福音六章 7 節說不可用重複的話禱告，那是指有口無心，以為多說幾次就比較會蒙神垂聽的情形。本節所說的禱告不是有口無心，而是整個生命渴慕神的禱告，話語只是流露出內部生命對神的渴慕。當耶穌在客西馬尼園做出搏命的禱告時，三次禱告都用同樣的話（馬太 26:44）。

7. 關於進入神的同在裡面，我們要考慮的是，神是否喜歡我們的生命品質？我們的偏心是不是還很強？因此必須預備我們的生命來讓神喜歡進住，這就要先有去偏入正、歸位的禱告。

8. 慢慢重複呼叫，每 3 次或 5 次停頓 5 秒鐘，停頓時意念專注於主耶穌，直到能安靜專注，就不必再呼叫。

9. 帖撒羅尼迦前書 5:19。

第九章
心禱
（續）

　　十六世紀西班牙的信仰前輩德雷莎（St. Teresa of Avila 1515-1582），將她禱告的經驗傳承下來。說禱告有四個層級，並以花園得水的四種方法做為比喻。第一種得水的方法是，當花園的花草快枯萎的時候，趕快打水澆灌。第二種是建造一個水車之類的機械裝置，定期自動舀水澆灌，此時花園得水就比較多。第三種是從水源地挖掘一條水道直接進入花園，隨時都有水。第四種是上天下雨，全面得水。

　　第一種得水的方法就好比平時不禱告，遭遇災難時才趕快禱告，求神急難救助。第二種得水的方法就好比平常會定時禱告，與神有約，與神開始有親密的關係。第三種得水的方法則不僅有定時的禱告，並且隨時與神暢通，生命深深地扎根於神。第四種得水的方法是神主動的給予，將福氣如下雨般主動賞賜，讓我們時常經歷到神。

要與神建立深度的關係，我們需要主動付出努力嗎？我們的禱告屬於哪一個層級？

上一章我們談到定時的心禱，這是我們與神建立關係的重要基礎。但我們可以同時進行簡易的心禱，就更容易與神保持隨時的連繫。簡易的心禱包括「三加二心禱」、「整點心禱」、以及「隨時心禱」。

簡易心禱

三加二心禱

　　除了每天定時的心禱之外，我們可以加上「三加二心禱」，來與聖靈進行較多的互動。三加二心禱就是三餐各一次以及早晚各一次，一天五次簡易的「歸位」禱告。「三餐心禱」是在謝飯禱告時先心禱再謝飯，早餐心禱是主從歸位，午餐心禱是價值歸位，晚餐心禱是愛心歸位，心禱的時間只要數秒鐘即可。至於「早晚心禱」，則是在早上起床以及晚上就寢的時候，進行感恩的心禱，也是數秒鐘即可，然後為其他的事項禱告。感恩心禱就是感謝神對我們生命的救恩以及對我們生活的眷佑（圖12D-4、圖12D-5），存感恩的心是生命歸位的基礎。

　　三加二心禱的內容如下：

早餐主從歸位：「主耶穌，我的主我的神，我降服於祢，祈求祢幫助我除去我的自大，幫助我能夠謙卑，尊祢為大。」（然後謝飯禱告……）

　　　　　　　＊ 此時以多馬確認主耶穌復活時，向主
　　　　　　　　耶穌說「我的主我的神」謙卑降服的
　　　　　　　　心情來禱告。（約翰20:26-29）

午餐價值歸位：「主耶穌，祢是我上好的福份，我感謝
　　　　　　　　祢。祈求祢幫助我除去我的自義，幫
　　　　　　　　助我是祢所是，非祢所非，不役於
　　　　　　　　物。」[1]

　　　　　　　＊ 此時以伯大尼的馬利亞安靜親近神，
　　　　　　　　以神為「上好的福份」，以感恩的心
　　　　　　　　情來禱告。（路加10:38-42）

晚餐愛心歸位：「主耶穌，祢是天地恩情的源頭，感謝
　　　　　　　　祢愛我。祈求祢幫助我除去我的自
　　　　　　　　私，能夠以祢為我終極情愛的歸屬，
　　　　　　　　並愛祢所愛。」

　　　　　　　＊ 此時以抹大拉的馬利亞一生緊緊跟隨
　　　　　　　　主、迫切愛主的心情來禱告。（約翰
　　　　　　　　20:11-18）[2]

早晚感恩心禱：「主耶穌，感謝祢對我的救恩與眷佑，
　　　　　　　　祈求祢幫助我除去我的自大、自義、
　　　　　　　　自私，幫助我尊祢為大、是祢所是、愛
　　　　　　　　祢所愛，並祈求祢增進我的信心。」

　　　　　　　＊ 此時以那位撒瑪利亞人因痲瘋病得到
　　　　　　　　醫治，回來俯伏感恩的心情來禱告。
　　　　　　　　（路加17:11-19）

整點心禱與隨時心禱

除了「三加二心禱」之外，我們還可以進行「整點心禱」，這是簡易的「歸心」禱告。就是在每小時整點的時候，不論人在什麼地方，做什麼事，都可以外鬆內靜做整點心禱。也就是只要不影響正在進行的事項，或走路或工作，不必閉眼，就可以以心靈和誠實進入神的同在，從心裡默默進行簡短的歸心禱告。此時我們意念調向神，向神禱告[3]：

> 「主耶穌……（五次），我的心緊緊跟隨祢，祢是我的主我的神，是我上好的福份，我感謝祢。」，然後安靜約七秒鐘，意念守住神，生命感受神。
>
> 或是
>
> 「主耶穌……（五次），我的主我的神，祢是我上好的福份，我的心緊緊跟隨祢，我愛祢。」，然後安靜約七秒鐘，意念守住神，生命感受神。

操練經過一段時間之後，在想到的時候，可以隨時進行整點的心禱，是為「隨時心禱」。[4]

一般說來，在「定時心禱」的時候，我們進入神的同在以及與神對話對晤，但其他的時間卻常常忘記神的存在，只過自己的生活。簡易心禱就是要補充我們這方面的不足，是整個心禱操練的一部分；幫助我們將心禱融入生活當中，生命與神對焦，讓我們能夠隨時隨地不論做什麼事，不論與什麼人相處，內部心靈都能與神相通，以單純的信心來享受

神的同在。換言之，定時心禱是主要的操練，簡易心禱是輔助的操練，讓整個心禱的操練，有定時有整點，有歸位有歸心，有方法有目的。讓我們養成新的習慣，能夠隨時將意念調向神，尊神為大。漸漸地，神會讓我們愈來愈體會到祂的同在，讓我們能夠隨時跳出混亂，藏身主裡。

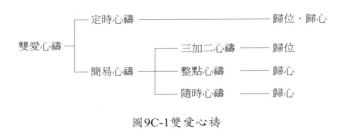

圖9C-1雙愛心禱

雙愛心禱

　　心禱操練如果持之以恆，持續與聖靈互動，去偏入正，就能愈來愈回復為正心的德性，與神相容，來與神和好，來歡迎神的進住。這就是以成為正心的生命來歡迎神，歡迎神就是愛神。當我們逐漸成為正心的生命來愛神，就有能量來愛人，在生活中與人和睦。因此心禱也稱為「雙愛心禱」，愛神愛人。

　　前面我們提到禱告有兩種，就是生活的禱告與生命的禱告。雙愛心禱屬於生命的禱告，是走上生命道路的基本功夫。操練的時候，依照主從、價值、以及愛心的順序，在初期每天一歸，輪流操練。經過一段時間，生命有了成長以及

把握到各項歸位的分際之後，就可以在一次的心禱中，三項歸位一起操練。

上述信仰前輩德雷莎修女所說的四種禱告，含有生命進程的概念。第一個層級的禱告是只為生活的禱告，尤其是在遭遇災難的時候，才想到要禱告。這樣的禱告不是不行，但是不好。把神當作"超級僕人"，久而久之會發現這條路愈走愈窄，愈走愈無效，因為「有悔沒改」的生命乃是把神重價的「生命恩典」當作廉價的「生活恩典」。這使我們與神的關係、停留在外殿的關係，若即若離。

第二層級的禱告，乃開始為生命來禱告，每天定時心禱，祈求聖靈幫助我們去偏入正，「有悔漸改」。這時與神的關係乃從外殿，逐漸進入內殿的關係。第三層級的禱告，乃持續進行心禱，與神保持暢通的關係，並且隨時都能在當下進入永恆中與神同在。此時生命逐漸進入「有悔多改」的階段，與神進入聖所的關係。第四層級的禱告，乃在持續去偏入正與渴慕神的過程中，往「有悔全改」與進入至聖所的關係邁進。雖然在相信耶穌之後，或多或少都會體驗到神的恩典，但此時更會體會到神的恩典有如雨下，由少而多，有大雨有小雨，有生命的恩典，有生活的恩典；也就是，有神同在的平安與感動，也有神對生活的眷佑。這些雨是神主動的給予，我們感恩領受。

這樣，在與聖靈的互動之中，我們需要主動親近神，主動回應聖靈的感動，漸漸地我們會愈多體驗到神的恩典。此時我們的生命隨時都在神的同在裡面，與神和諧暢通。

靈修的種類

　　「靈修」是靈命成長的修練，或稱心靈重建的操練，包括「讀經」與「禱告」兩項重要內容；但又依讀經與禱告不同的深度，而有不同情況的靈修。進一步說，「讀經」有知識讀經與生命讀經，「禱告」有生活禱告與生命禱告。這在上一章我們已有說明，請參圖 9C-2 如下。

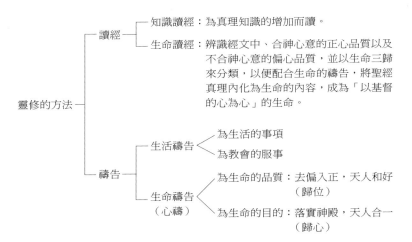

　　「生命的禱告」是進入無限的層次，在靈裡與神相遇，純屬自己的生命與神和好合一的禱告，即以成為正心的生命來合神心意，來建立自己與神親密的關係。

　　為生活的禱告包括「為教會服事的禱告」，因為教會服事是因愛神而幫助人親近神，屬於有限層次的事項。「生命的禱告」是「己立」，「為教會服事的禱告」是「立人」，兩者是「己立立人」的關係，雖是一貫作業，卻是由內而外的關係。（參圖10C- 7 ）

圖9C-2 靈修的方法：讀經與禱告

由於「讀經」與「禱告」深度的不同，基督徒也普遍存在著三種模式的靈修，即「知識靈修」、「感性靈修」、與「生命靈修」。

　　「知識靈修」：乃從「理性」切入，透過聖經知識的增加，以「知識讀經」與「生活的禱告」來親近神。目的是生命要得救，確保將來回天家，同時在生活方面需要神的眷佑。然而生命並沒有進行「脫下舊人、穿上新人」（去偏入正、改變自己）的操練。雖有親近神的誠心，卻是偏心不改，以偏心老我的生命來親近神，與神停留在外殿的關係。

　　「感性靈修」：乃從「感性」切入，除了「知識靈修」的讀經禱告之外，還為「生命的目的」來禱告渴慕神，目的是與神建立親密的關係，生命空位要從神得到深度的滿足。此時或在室內或在室外（大自然），感性加上直覺，透過音樂、詩歌、舞蹈、或安靜等候來親近神。然而生命並沒有進行「去偏入正、改變自己」的操練。雖然內心有親近神與渴慕神的誠意，卻還是偏心不改，以偏心來親近神。這樣的靈修，雖然禱告時有平靜以及親近神的感覺，卻因生命的德性還是與神不相容，無法得到神深度的內

住。這是前面所提歸心禱告的層面，但沒有針對偏心品質進行有悔有改的歸位禱告。[5]

「生命靈修」：乃從「意志」切入，跟感性靈修一樣，因著生命的空位需要從神得到深度的滿足而禱告。如圖 9C-3 所示，生命靈修含蓋了知識靈修與感性靈修，但比感性靈修多出「歸位的禱告」。進一步言，生命靈修乃針對生命的「去偏入正、改變自己」來建造歡迎神進住的生命品質，以便安靜在神的面前進行歸心的禱告，享受神的同在。這是回復「正心神殿」的生命，並且祈求聖靈幫助自己在生活中將新的生命活出來。這是在生命方面「歸位歸心」兩全，在人生的道路上「生命生活」雙修的禱告。

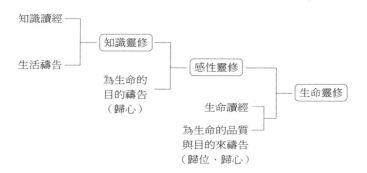

圖9C-3　靈修的種類

　　從上面的分類我們可以了解，如果單單藉著「知識靈修」或「感性靈修」來親近神，則雖有誠心，生命的品質卻是偏心不動，有悔沒改。這只是以理性或感性來親近神，生命首腦的意志卻還是偏心的意志。這就好像跟神說：「我用知識與行為來親近祢，祢住在外殿就好，我生命的內部不用祢管。」或說「我偏心的生命不要改變，但渴慕祢，請祢進來。」這是邀請神進來居住卻不打掃居所，是以污染的生命來邀請神進住，其實這是在阻擋神深度的進住。我們與神的關係不能只要合一，要平安、回家，卻不要和好。

　　以上三種靈修的模式是概念性的分類，每個人的靈修方法不一定可以劃分得這麼清楚。但在這裏提出來，是要讓我

們檢驗自己的靈修，辨認是傾向哪一種模式，來做必要的調整。此外，我們在這裏提出靈修的模式，是給我們自己省察之用，不是要做為批評別人的工具。

最後，生命靈修的操練並沒有特定的標準。聖靈是主導者，是聖靈在下指導棋，只要我們願意回應聖靈的感動，生命有悔有改，與神的德性愈來愈同質相容就是正確。在教會的歷史當中有很多信仰的前輩，依其親近神的經驗，提出相關的操練方法，只要包括「和好」與「合一」的操練，都值得我們學習。本書在這方面的貢獻乃就歸位的禱告提綱挈領，化繁為簡，提出有目的、有條理、有系統的整合，來幫助有心親近神的人少走彎路。

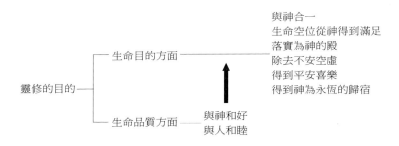

圖9C-4　靈修的目的：與神和好合一

【思考問題】

□ 簡易心禱是什麼？生命的禱告為什麼除了「定時心禱」之外，還需要「簡易心禱」？

□ 與神和好的「方法」是什麼？與神和好的「目的」是什麼？雙愛心禱如何達成「愛神愛人」的目標？

□ 靈修的目的是什麼？靈修的方法是什麼？靈修的模式有幾種？你目前靈修的模式屬於哪一種或是傾向哪一種？為了達到靈修的目的，需要做調整嗎？

---

1. 關於上好的福份與價值的關係，參7C註5。

2. 關於抹大拉的馬利亞，耶穌曾從她身上趕出七個鬼，從此她就與其他的婦女跟隨耶穌到處傳道，從北方的加利利跟隨到南方的猶太地，並一起照料耶穌與門徒的生活事項（路加8:1-3，馬太27:55）。耶穌在耶路撒冷被釘十字架的時候，她在場（馬太27:56，馬可15:40，約翰19:25）；耶穌埋葬的時候，她在場（馬太27:61，馬可15:47）；七日的頭一日拿香料要去膏耶穌的婦女當中，有她（馬太28:1，馬可16:1-2，約翰20:1），告訴使徒們耶穌復活的婦女，有她（路加24:10，約翰20:18），並且常是帶頭跑在前面。主耶穌復活時，首先向她顯現（馬可16:9，約翰20:14-18）。從聖經對抹大拉馬利亞的記載，可以看出她對主耶穌的感恩和愛心。在跟隨主耶穌的婦女當中，她常是第一個被提起，可見她愛主的迫切。她愛主、緊緊跟隨主的心，是我們要學習的。

3. 此時向神的稱呼也可以「阿爸父……」或「親愛的聖靈……」或「親愛的三一真神……」

　　關於禱告時對神的稱呼，因為神是三位一體的神，因此稱呼其中一位或是一起稱呼為「三一真神」或「聖父聖子聖靈」都可以，都是向至上神的禱告（參圖6B-3）。雅各書一章17節說神是眾光之父，在本書第六章我們以太陽的「光源、光線、溫度」

來做比喻，説明神的內部關係。光線代表聖子耶穌，直通到光源；溫度代表聖靈，有光線就有溫度，也是直通到光源；而光源就是聖父。因此，關於禱告時對神的稱呼，是稱呼其中一位或是一起稱呼都通往神那裡，但最後都要奉耶穌的名來結束禱告，因為耶穌是親近神的祭品。但如果對如何稱呼神不甚清楚，則可以以聖父為對象，最後奉聖子耶穌的名來結束禱告（參 6B 註 4 ）。

也許有人會問，如果向耶穌禱告，最後又奉耶穌的名來結束，是不是有邏輯的問題？不會的，那是有限層次的邏輯（有限的理性）才會有問題。而我們所相信的是無限的本體，是神親自成為人，合乎無限的理性，沒有邏輯的問題。聖父、聖子、聖靈之間的內部關係是「一而三」與「三而一」的關係（圖6B-3），我們稱呼一位就是針對三位。我們「奉耶穌的名」禱告，就是相信神以三位一體的偉大作為來拯救。

4. 東正教有「耶穌禱文」（Jesus Prayer）的禱告傳統，是從初代教會避隱荒漠、虔誠的教父們，所傳承下來的教會資產。「耶穌禱文」就是以一句特定的禱文來禱告，內容是「主耶穌，真神的兒子，祈求祢垂憐我這個罪人。」禱告的時候一直以這句禱文，不斷地重複，不住地禱告；是透過感官、思考、感情、與直覺等不同的層次、愈來愈有深度的禱告。

很多基督徒除了「耶穌禱文」之外，也進行著類似的「一句禱告」，就是用一個句子或一個字詞來禱告，譬如「主耶穌，我愛祢。」或是「親愛的天父」，一直禱告到完全靜止，與神對晤。「一句禱告」的重點在於生命專注渴慕神，不是有口無心的重複。這樣的禱告屬於默觀（靜觀）的禱告，也稱為歸心的禱告，目的是要專注於神，與神合一。一句禱告可用於長時間、安靜在神的面前，重複該字句的禱告；也可應用於簡短只説一次的禱告，就是隨時把生命調向神，與神對焦，只需數分鐘。本書敘述的雙愛「簡易心禱」，其中「整點心禱」與「隨時心禱」側重在歸心的禱告，與「一句禱告」有雷同之處，但「三加二心禱」則側重在歸位的禱告（圖9C-1）。

5. 有的人常跳過歸位的禱告，直接就切入到歸心的禱告（默觀的禱告），要與神合一，來落實為神的殿，實現真實的自己。這是好，但歸心的禱告必須建基於歸位的禱告，要和好才能合一。因此，我們需要對於偏心的品質，在耶穌裡進行「去偏入正、改變自己」的禱告，與神和好，才能達到與神深度合一的目的。因此，要進行歸心的禱告，需要同時針對偏心的品質，進行歸位的禱告。要進行歸心的禱告，如果沒有先進行去偏入正的心靈重建，生命沒有歸位，則屬感性的靈修（圖9C-3）。這就好比要做好園藝卻沒有好好植土。其實，在歷世歷代當中，許多基督徒在進行歸心禱告的同時，都針對偏心的品質進行心靈的重建。雖然沒有歸位之名，卻有歸位之實，生命有悔有改就是正確。然而有些基督徒在進行「脱下舊人、穿上新人」的禱告的時候，沒有把握到歸位的重點，對於偏心與正心的品質，要如何有效的去偏入正，把握不到條理與頭緒，有如瞎子摸象而深受挫折，甚至停滯不前，非常遺憾。本書乃就「歸位」的禱告，希望幫助讀者以生命三歸為主軸，由內而外來操練，使正心落實在生命與生活當中，並同時進行「歸心」的禱告，享受神的同在。

第十章
內敬與外敬

　　據說古時有位張姓的大富人家，看到附近李家興建一棟高大的豪宅，也找來建築工頭為自己蓋一棟。工頭著手設計，並畫好建築圖，拿來給張員外查閱。張員外一看，說：

　　「你有沒有搞錯？我只要蓋地上像李家高大氣派的豪宅，我不要蓋地下看不到的部分。」工頭回答說：

　　「地下看不到的部分是地基，沒有打好地基，就沒有辦法蓋那麼高大的房子。」張員外說：

　　「我不管，我要的就是讓大家看到我也有高大氣派的豪宅，你就給我蓋一棟，我也只付地上的錢。」

　　工頭只好苦笑、搖頭、離開……。

　　興建豪宅卻不打造地基，這故事與信仰有什麼關係？我們需要自問，我們是否也像張員外蓋房子那樣，沒有跟神建立深度的關係，就期待過著平安喜樂的日子？我們已經決志受洗，站上起跑線，但聖靈等著我們繼續回應祂的感動，願意進行去偏入正的心靈重建，往標竿直跑，來與神建立深度和好合一的關係。

基督徒完整的生命循環

做為基督徒有一個生命的循環，就是從「無神無望」、「決志受洗」、「心靈重建」、到「推己及人」。這是一個良性的循環，一面與神和好合一，一面與人和睦。

1. 無神無望

　　人類因為生命陷入空心、偏心、無力自救的三大困境裏面，導致生命深處的空位、沒有得到神來滿足的指望，這是無神無望。[1]

2. 決志受洗

　　還好至上神以三位一體的作為，為人類提供脫困的生命之道。只要我們在耶穌裡願意悔改，決志受洗，就能得到神的饒恕與接納，這是信心的跳越。此時，生命與神有了交集，是回家的入門。

3. 心靈重建

　　然而決志受洗之後，我們的偏心還是很強，還是自我在掌權，需要接著進行心靈的重建，透過聖靈的幫助，回復為正心的生命，回復神在我們生命主權的地位。正心的生命愈多，神的進住就愈多，就愈回復為「正心神殿」的生命，這是信心的成長；生命的空位愈從神得到滿足，與神愈有深度的合一。

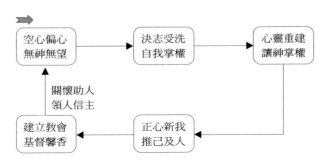

圖10C-1　基督徒完整的生命循環

　　「決志受洗」與「心靈重建」是一個連續的進程。「決志受洗」是對於得罪神的德性，有悔改的意願；但這只是正心的火花，是重建的起步。而「心靈重建」是繼續與聖靈互動，有悔有改，以正心來建造神的殿，是悔改的實踐。

4. 推己及人

　　當我們進行心靈的重建，隨著正心生命的成長，正心的行為自然會由內而外流露出來。這正心的行為是基督的馨香之氣，是推己及人，愛心發光的行為。這是關懷助人，讓別人也跟自己一樣回歸本家，從神蒙福。

　　關懷助人包括關懷生活與關懷生命兩方面。關懷生活就是關懷我們在有限層次的生活，以謙卑的心在愛裏彼此順服，彼此寬容，彼此支援；以此來增添人間的溫暖，減少人禍。關懷生命就是關懷無限層次的

生命，包括傳揚福音領人信主，以及教導去偏入正的
心靈重建，讓別人也同樣得到神深度的內住，一起建
造耶穌基督的身體，建立健全的教會，在教會內外散
發基督馨香之氣。

缺角的生命循環

因此，基督徒生命的歷程要避免成為缺角的循環，不要
欠缺「心靈重建」這重要的一角（圖10C-2）。我們如果只
有起步的「決志受洗」，正心的生命還沒有成長，就切入到
「推己及人」的階段來傳福音領人信主，則只能帶領別人跟
自己一樣，成為缺角的基督徒。若是這樣，則偏心的意志還
是很強，能說不能行，就像上述要興建豪宅的張員外，只有
外表卻不打造地基。這是基督徒見證薄弱的原因，讓這麼重
要的救人的福音無法廣傳。

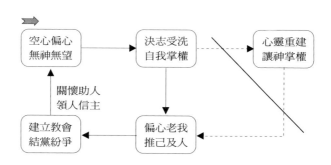

圖10C-2　基督徒缺角的生命循環

　　據說有一對老虎良心發現，覺得過去吃人太多罪孽深重，以後要「悔改」少吃。商量結果，決定從不吃基督徒做起。有一天公虎外出回來，發現母虎吃了一個基督徒，吃到只剩下嘴巴。就問母虎說：

　　「我們不是說好不吃基督徒嗎？你怎麼吃了？」母虎回答說：

　　「這個人全身聞來聞去只有嘴巴有基督徒的味道，所以嘴巴沒吃。」

　　原來這個基督徒很會講道，很會查經，很會教導，就是能說不能行。這雖是一個寓言故事，但指出心靈重建，去偏入正的重要。真理的知識雖然要增加，但要一面增加，一面內化到生命裡面，不要只有知識，裡面卻還是偏心老我的生命，這是不討神喜悅的。

　　基督徒在決志受洗之後，需要進行去偏入正的心靈重建，才承擔得起「推己及人」的重任。不是決志受洗之後，以偏心老我的生命，來參加「外在」的聚會與服事就大功告成。如果是這樣，那就好比在外流浪吸毒的孩子，懺悔

回家，受到父母的饒恕與接納之後，研習家規，參與家族活動，卻還繼續吸毒，做一個有悔沒改的在家浪子。

為什麼是在家浪子？我們所談的問題出在哪裡？就出在知識（理性）、感性、與外部的行為不是信仰的核心，意志才是。意志才是人性的首腦，偏心的意志如果沒有改變，單靠知識、感性、與行為，是無法除去生命深層的惡。譬如以真理的知識來認識神，或純以感性來渴慕神，想要以此來滿足生命空位對神的需要，但沒有處理偏心意志的問題，還是阻擋神深度的進住。同理，單單外部的行為與服事也無法改變生命內部偏心的品質，也沒有歡迎神深度的進住。

因此基督徒在傳福音方面，不僅需要帶領人決志信主，自己還需要進行去偏入正的心靈重建，才能教導幫助別人也去偏入正，讓別人跟自己一樣，得到神深度的同在，一同蒙福，走上完整的生命循環。如果在「決志受洗」之後，就直接切到「推己及人」，那是缺角的循環，己不立卻要立人。

由內而外

因此，我們需要補缺角，就是修補「心靈重建」這一角，來奠定內部正心的基礎，才能真正愛神愛人，才能由內而外，有真正的謙卑、饒恕、與助人的行為。就如前面「口臭」的例子，口臭的人雖然能夠以嚼口香糖或是暫時封口來掩蓋自己的口臭，但終久口臭還是會出來，因為體內的問題沒有解決。就如口臭是由內而外的散發，我們的靈命和生物體也是一

種由內而外的關係，因為生物體是靈命的工具。譬如我們參加一個研習會，是靈命決定要參加，再指揮我們的生物體來到會場。這樣，一個健康長壽的生物體，如果是正心生命的工具，那活得愈久，就愈能為許多人帶來溫暖與祝福。然而，健康長壽的生物體如果是偏心生命的工具，就會造成許多人的傷害與苦難。譬如一個荒淫無道的暴君，他活得愈久，生物體愈健康，受他統治的國民就愈多苦難。因此我們要能做出真正愛人的行為，就必須先溯本清源，去偏入正，讓負責指揮的靈命回復為正心愛神的生命，才能愛神所愛。

其實由內而外的觀念，聖經講得非常清楚。神是鑑察人心的神，更是責備那些「有外無內」的人，說他們「有敬虔的外貌，卻背了敬虔的實意」[2]。神期待我們在決志信主之後，接著進行去偏入正的心靈重建，這是一個連續的進程，好讓神進住我們的內心，來回復天人深度和好合的關係。

正確的敬拜

為什麼有些基督徒在敬拜神的時候，會傾向知識、感性、與行為？因為以這些來敬拜神，偏心的生命不必改變就做得到。另外，更是因為我們對「敬拜」沒有真正的了解，別人怎麼做我們就怎麼跟。因此，對於敬拜的內涵，需要有正確的辯證。

敬拜包括「信神」與「愛神」兩個層面，也就是「對象」與「方法」兩個層面。

對象

「對象」是回答「信誰？」的問題。信仰是一個生命脈絡的尋根之旅，是認主歸宗的回家之旅。因此信仰的對象必須是創造主，是生命的根源，能夠滿足人類生命深處的空位，讓人類尋得生命永恆的歸宿。這樣的對象才是正確的對象，因為生命空位的需要，就是要與生命的根源團圓，要從生命的根源得到滿足，跳出不安空虛的困境，來得到真正的平安喜樂。

如果尋錯對象，拜錯對象，該對象無法滿足人類生命的空位，那是迷信，是對象的迷信[3]。基督信仰的對象是人類的創造主，是唯一能滿足人類生命空位的生命根源，因此是正確的對象，是正信。

方法

然而，除了信仰的對象要正確之外，信仰的方法也不能偏差。譬如我們要開車回家，雖然開上正確的道路，卻超速、闖紅燈、發生車禍，會導致無法到達目的地。敬拜神也是如此，如果方法偏差，無法與神和好合一，則也是迷信，是方法上的迷信。

因此，「方法」是回答「如何信？」的問題。一般而言，人類敬拜神的方法有許多，譬如善行、苦行、讀經、講經、獻金、建殿、崇拜、守節、讚美、服事、宣道等等。這些都屬於外表看得到的行為，是「外部的敬拜」。

然而神有「真神」與「假神」之分。真神是獨一的至上神，是人類的創造主。至於假神，並不是不存在，而是沒

有神的資格，不是生命的根源，不是創造主，不能滿足人類生命深處的空位，卻被人類敬拜為神，譬如撒旦、鬼靈、雕像、人物、動物、自然物（石頭、牆角、老樹……）等等。這些假神不能進入人的生命來滿足人類生命深處的空位；因此，敬拜假神，人們只需要外部的敬拜，不必改變內在偏心的德性（品質）。

真神是生命的根源，具正心的德性，願意進到我們的生命居住，來除去我們的不安空虛。但我們必須是正心的品質，才能得到神的內住。我們決志受洗，願意悔改，這是正心的火花，讓我們得到神的饒恕，並得到神的進住，但這時神只進住到外殿的程度，因為裡面還是偏心的德性。我們需要接著「脫下舊人、穿上新人」，也就是進行「去偏入正、改變自己」的心靈重建，以正心的德性來歡迎神深度的進住，這是「內部的敬拜」，也就是除了認識真理之外，更重要的是，要透過心靈的重建將真理落實到生命裡面。（參圖8C-2、圖10C-4）

因此，在信仰對象正確的前提下，敬拜的方法首先就是認識真理與心靈的重建，使我們內在生命的德性、愈來愈合乎神的心意，歡迎神來滿足生命的空位。神依其形象來創造人類，就是要進住人類的生命，與人和好合一，以祂自己帶來人類終極的幸福，這是人類何等的福氣（圖3A-2）。我們進行去偏入正的心靈重建，就是要以合神心意的生命品質來歡迎神的進住，這才是真正的敬拜。我們不能單用真理知識的增加或「有外無內」的外部敬拜，來敬拜真神。有外無內是敬拜假神的方法。

內敬與外敬

因此我們敬拜神有兩個層面，一是內部敬拜，一是外部敬拜，簡稱「內敬」與「外敬」。內敬是人看不出來、內在生命的改變，外敬是人看得到的外部行為。內敬是以生命的改變來歡迎神愛神，外敬是以有限層次的行為來愛神。所以說，內敬是進行「去偏入正、改變自己」的心靈重建，來歡迎神的內住，而外敬則是以正心的品質做出合神心意的行為，譬如崇拜、查經、奉獻、服事、傳福音、助人等等。正確的敬拜是「內外兩全」的敬拜，基督徒缺角的生命循環，就是缺少了「內部敬拜」這關鍵的一角。

有次在一個知名城市的教會領袖們舉行年度大會，有個議案在大會中起了爭議，其中一些人分成兩邊激烈爭辯。爭辯時有位議員出言不遜，對方當場勸他說我們都是基督徒，不要罵人。這時這位罵人的議員卻做出挽袖動武的架勢，凶悍地說「我這是父母生成的，怎麼樣！」意思是，我這付霸氣跋扈的樣子，是父母生給我的，天經地義，沒有錯。

這位議員已經是教會的領袖，是資深的基督徒，難道不知道父母所生的本性，正是得罪神的惡，正是需要耶穌降世救援的原因，正是我們需要悔改脫下的老我。這位資深的基督徒問題出在哪裡？就出在缺少了內部敬拜這一角，是一個

缺角的基督徒。其實這也是許多基督徒的寫照。許多基督徒在決志受洗之後，忙著「做」基督徒，有外敬卻無內敬。[4]

外部敬拜必須要有內部敬拜的基礎，由內而外，才是正確。如果以興建房屋來做為敬拜神的比喻，則興建房屋可以分為三個階段。第一、破土典禮，第二、打造地基，第三、建造地上樓層。破土典禮就如「決志受洗」，打造地基就如「內部敬拜」，建造地上樓層就如「外部敬拜」。有外無內的敬拜，就如破土典禮之後不打造地基，就著手建造地上樓層。而由內而外的敬拜，則是在破土典禮之後，先打造地基再建造地上樓層，是內外兩全的敬拜。沒有地基的高樓是危樓，地震一來就倒塌。同理，有外無內的敬拜有偏差的危險，會枯乾、偏激、或是崩潰。

有外無內的「外部敬拜」：

敬拜需要「內敬外敬」兩全，由內而外：

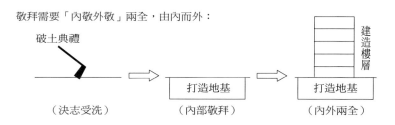

圖10C-3 敬拜與建築的比喻

上述敬拜與建築的比喻是強調內敬的不可或缺，就如同建築物要有地基才站立得穩。然而我們是有靈的活人，是活的生命，要進行內敬與外敬不能如同建築物，在地基打造完成之後，才來進行地上物的建造。換言之，不是內部敬拜已經達到「有悔全改」的完美程度，再來進行外部的敬拜，而是要同步進行。

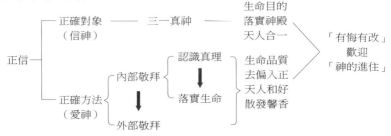

圖10C-4　正信：正確的「敬拜對象」與正確的「敬拜方法」

外敬是自然的流露

　　因此，「外部敬拜」必須隨著「內部敬拜」來進行。我們另外以光來做為比喻。內部「正心的生命」就如同發光體，外部「正心的行為」就如同發出來的光。發光體亮度高，發光就多，兩者看似同時發生，是一物之兩面，但要先是發光體才能發光，不是先發光再成為發光體。

　　因此，正心的行為乃隨著正心的成長，而逐漸流露出來，沒有勉強。生命成長到哪裡，就流露到那裡。神了解我們還做不到的部分，只要我們每天進行「定時心禱」，祈求聖靈幫助「去偏入正、改變自己」就可。神是鑒察人心的

神，只要我們願意改變，神知道如何幫助我們。偏心的生命若要依靠自己的力量，以外部的行為來改變內部的品質，只會徒勞無功。就如撒旦會裝作光明的天使[5]，人類也能夠以偏心裝出好的行為。我們不能期待由偏心的行為來改變偏心的品質，我們只能期待從正心的源頭而來的幫助，就是透過與聖靈的互動，也就是與聖靈合作，來改變生命的品質，成為正心的生命；並且由內而外來帶動正心的行為。

　　因此內部敬拜是在懺悔受洗之後，有悔有改的成長過程，是動態成長的心靈活動；不僅需要「誠心」，還需要與聖靈互動，進行去偏入正的「改變」。換言之，內部敬拜不只需要「誠心」而已。如果敬拜神只有「誠心」或「出自內心」，那只是外部的敬拜。譬如星期天到教會崇拜，滿懷誠心，尊神為大，但一出教會大門，就偏心當家，夫妻吵架；或是在遭遇災難的時候，誠心向神呼求，出自內心，毫無虛假，但事過境遷，把神忘得一乾二淨。這些誠心都不是內部敬拜。內部敬拜是「進行生命的改變」，是以正心的德性做為建材來建造神的殿，來歡迎神。因此敬拜神的重點是內部的敬拜，即「認識真理」並進而「去偏入正、改變自己」，這才能在生命裡面建造與神相容的正心品質，歡迎神的進住，落實為正心神殿的生命；也才能流露出真正外部敬拜的行為，真正發光。這光是正心的光，不是假冒為善的光，不是偏心勉強擠出來的光。

　　至於誠心，那是敬拜時的謙卑、對罪的悔意、以及對神仰望、感恩、讚美、渴慕、與祈求的心態。誠心是需要的，但誠心的情緒常像是水龍頭，要的時候打開，不要的時候關閉。我們如果以「有悔沒改」的生命來敬拜神，那只有誠心

的火花，無法點亮燈火，無法成長為發光體，是有外無內的外部敬拜，與神只有外殿的關係。這是把神當做佣人看待，讓他住在外側偏房（外殿），專門應我們的召喚來解決生活的問題。如此，則我們的敬拜只是為了有限層次生活的事項，不是為了無限層次生命的尋根、認主歸宗、讓神來滿足生命的空位，則枉費耶穌基督千里迢迢來到人間，遷就人類所受的轄制，為人類進行一場屬靈的爭戰。因此，敬拜神需要從內部敬拜切入。不能只有誠心，而依然偏心不動，有悔沒改，沒有以正心的生命來歡迎神的進住。換言之，有誠心不一定有改變，但有改變一定有誠心。至於敬拜神而沒有悔意沒有誠心，那是「沒悔沒改」，根本不是敬拜，只是圖個心安或是做給人看的表面行為。

「外部敬拜」有的有內敬的基礎，有的沒有內敬的基礎。沒有內敬的基礎，容易走偏，只專注於真理知識的增加（認識真理），或是對神感性的渴慕，或是外部的行為，而偏心的意志卻沒有萎縮，正心的意志沒有成長。這種生命沒有培養合神心意的判斷能力，會聽信與跟從有外無內的外敬行為與知識。然而有內敬基礎的外敬，不論是真理知識的增加、對神感性的渴慕、或是外部的行為，都不會走偏，因為有神的內住，隨時與神對焦，從內心深處知道神的心意。[6]

有了內部的敬拜，漸漸成為具有亮度的發光體，自然會流露出外部敬拜的行為；這是隨著發光體亮度的提高，由內而外自然流露出來的愛心發光。因此我們敬拜神的方法是提高亮度，不是拼發光。譬如20度的生命而希望能夠發出30度的亮光，就需要從20度提昇到30度，而不是以20度的生命勉

窮得只剩下錢

敬拜的類別 ＼ 敬拜的內容	誠心	悔改（提高發光體亮度）	愛心發光
內部敬拜	具誠心	有悔有改（去偏入正 改變生命）	尚未真正發光（提高亮度、蘊育中）
內敬外敬兩全	具誠心	有悔有改（去偏入正 改變生命）	由內而外（依照亮度、自然發光）
只有外部敬拜	具誠心	有悔沒改（沒有改變生命）	有外無內（刻意發光）
不是敬拜	不具誠心	沒悔沒改（沒有改變生命）	徒具外敬的行為（刻意發光）

　　內敬是外敬的基礎。正確的敬拜是由內而外；偏差的敬拜是有外無內。敬拜的重點在於提高發光體的亮度，成為正心的生命，不是以偏心拼發光。有了內敬的生命，自然會由內而外，流露出外敬發光的行為，這是內外兩全的敬拜。

圖10C-5　敬拜的類別

強擠出30度的光。我們有多少亮度，自然就會發出多少的亮光，不是出於勉強。因此20度的生命若想要發出30度的光，就要從內部敬拜、提高亮度著手。譬如有人傷害我們很深，雖然知道神要我們饒恕，卻是做不到。此時不要為做不到而內心做難，非常挫折；而是進行去偏入正的心禱，將做不到的事向神訴說，祈求聖靈幫助自己能夠饒恕，幫助自己提高愛心的能量與承受傷害的能力。雖然現在無法饒恕，但因為每天持續心禱，則依傷害的程度，也許下個月或是明年就能夠饒恕了。這就能從仇恨的綑綁中得到釋放，饒了別人，也饒了自己，得到神的喜悅。換言之，如果我們持續進行去偏入正的心禱操練，每天與聖靈互動，遲早就做得到。當我們生命得到神的內住愈多，體驗神的平安與眷佑愈多，則饒恕他人就愈來愈是生活的小事。

內部敬拜：去偏入正、改變自己，提高發光體的亮度。
外部敬拜：隨著發光體亮度的提高，而愛心發光。

圖10C-6　敬拜與發光體的比喻

　　因此，我們不要在決志信主之後，沒有進行「去偏入正、改變自己」的內部敬拜，就馬上帶著滿腔熱血來為主發光。因為雖有誠心但生命還沒有改變，雖然精神可嘉，但那是有外無內的敬拜。我們在決志信主之後，要接著進行去偏入正的心禱操練，就是進行內部的敬拜，改變生命，讓基督的德性成形在心裡。當內部的敬拜愈有基礎，累積到一定的亮度，愈有愛神的能量與承受傷害的能力，外界自然會感受到流露出來的亮光，並且愈來愈有後勁，這樣才能真正為主發光。不然，有外無內的敬拜，生命還是沒有改變，還是以自我為中心，日子一久，會承受不了挫折、受傷、枯乾、以及服事的變質，而流於形式或無疾而終。

　　因此，我們敬拜神，從「內在的生命」而言，是進行提

高發光體亮度的內部敬拜，從「外在的生活」而言，是依照發光體的亮度，進行發光愛人的外部敬拜，是自然的流露。這才是內外兩全的敬拜。因此，敬拜神的關鍵在於提高正心的亮度，不是以偏心來拼發光。因此，基督徒的見證不是以外貌的虔誠、口才、財富、或生活的事項來吸引人，而是以內在的平安喜樂來吸引人。去偏入正不是要顯示自己有多聖潔，而是自己在神面前的感恩謙卑。人要看的，不是基督徒的外部敬拜，而是基督徒生命有沒有改變、家庭有沒有和樂，以及遭遇挫折或逆境時有沒有深層的平安。

	內　　　容	建築比喻	發光比喻
內部敬拜	去偏入正 落實神殿 （內在生命的成長）	打造地基	提高發光體亮度
外部敬拜	聚會、獻詩、查經、 關懷、服事…… (外在的言行)	地上樓層	由內而外 愛心發光

　　內敬不是以誠心來為生活的事項祈求，也不是以誠心來參加崇拜與服事，而生命卻是有悔沒改。

　　內敬是內在正心德性的建造，以此來愛神、歡迎神的進住，落實為正心神殿的生命。這要進行生命的禱告，依靠聖靈的幫助，改變內在的生命，成為正心的發光體。是正心的發光體自然會發出正心的光。

圖10C-7 敬拜與比喻

內外兩全的敬拜

　　這樣，由內而外的敬拜才是內外兩全，真正的敬拜。只

169

要願意跟聖靈進行心靈重建的互動，實踐「去偏入正、改變自己」的內部敬拜，得到神同在的平安喜樂，則不論進行何種外部敬拜的行為，譬如晨更、崇拜、敬拜讚美、渴慕神、安靜等候神、佈道大會、醫治特會、愛心關懷、慈善公益、社區改造、或是社會公義等等，都是內外兩全的敬拜。敬拜的關鍵在於生命的改變，歡迎神的進住，才能由內而外，流露出真正外敬的行為。

　　「由內而外」來達致「內外兩全」的敬拜，是敬拜的真諦。瞭解敬拜的真諦，才能深刻了解心靈重建的重要。深刻了解心靈重建的重要，才會認真進行心禱補缺角，走上基督徒完整的生命循環，以正心的生命來傳揚福音，以及培育健康的下一代基督徒，己立立人，與神同心同行。

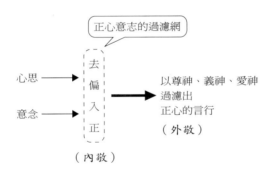

　　內部敬拜的核心就是「去偏入正、改變自己」，依靠聖靈將偏心逐漸除去，讓正心在生命裡面滋長，讓我們在神的面前，逐漸回復為性本善的生命。這是讓基督的心成形在心裡，長大成人，滿有基督長成的身量。外部敬拜則是隨著正心的成長，逐漸同步散發基督馨香之氣。

圖10C-8 由內而外的敬拜

【思考問題】

☐ 什麼是基督徒完整的生命循環？什麼是基督徒缺角的生命循環？你信仰的歷程是哪一種循環？

☐ 「信仰的對象」與「信仰的方法」區別何在？這跟正信迷信有什麼關係？

☐ 什麼是內部敬拜？什麼是外部敬拜？敬拜神為什麼需要「去偏入正、改變自己」的心靈重建？以誠心來敬拜神為什麼不是內部敬拜？為什麼敬拜神要由內而外、內外兩全？

---

1. 參以弗所書 2:12。

2. 提摩太後書 3:5。

3. 如果什麼都不信或只信自己，則生命的空位也不得滿足，也是迷信。

4. 「做」基督徒是外部敬拜，成為「是」基督徒是內部敬拜。「是」基督徒必定會「做」基督徒，但會「做」基督徒不一定「是」基督徒。

5. 哥林多後書 11:14。

6. 約翰 10:14。

第十一章
生涯規劃

　　相傳一艘遠洋貨輪暫時停靠在中途的港口，以便晚上繼續出航。這時有位水手利用空檔跑到岸上喝酒玩樂，直到天黑。在急忙趕回船上的途中，經過小巷子撿到一袋東西。上船之後因為喝酒太多而呼呼大睡，直到深夜醒來，貨輪已經出航到了大海。此時想起小巷子撿到的那袋東西，就摸黑打開袋子伸手一探，發現是大大小小的石頭，失望之餘，拿起酒瓶，一面喝酒一面把這些石頭、慢慢地一顆一顆丟進大海。當他拿起最後一顆石頭要丟到大海的時候，初陽正好升起，猛然看到這石頭原來是一顆晶瑩剔透的藍寶石。哎呀，真是後悔，但還好還有一顆！

　　我們在世上剩下的時光，就像這顆最後的藍寶石，能不好好珍惜嗎？

珍惜時間

　　我們每一個人都有人生的路要走，而這人生的路又與「時間」息息相關。其實時間是我們一生中最珍貴的資源，金錢失去還可以賺回來，但時間卻是一去不復返，就像寶石丟進大海就撿不回來。時間既然這麼珍貴，我們要如何珍惜？要回答這個問題，我們必須先問，時間到底是什麼？

　　我們在世上的生活，需要時間來安排活動，需要時間來衡量目標的達成。然而，實際發生的是什麼？實際發生的原來只有活動的進行以及目標的達成，與時間卻是無關。為什麼？因為時間只是衡量的工具，只是衡量活動的進度以及目標是否達成。簡言之，時間是衡量事物變動的度量衡。

　　以生物體為例，七十歲的人，有的人已經是雞皮鶴髮，有的人卻還是紅顏黑髮。當我們的頭髮變白，我們認為很多年已經過去了，其實真正發生的是我們頭髮的變化，時間（譬如七十年）只是衡量我們變化的工具。當我們說：「我已經七十歲，難怪頭髮白了。」其實這是我們的變化使頭髮變白，不是時間的經過。有的人七十歲，頭髮並沒有變白。有的人年紀輕輕，但生命遭遇重大的變化，頭髮一下子就白了。因此，頭髮變白，不是時間的經過，而是我們本身的變易，就看變易速度的快慢。我們的生物體自從母胎成孕以來，新陳代謝一直在進行，一直在變易。變易才是真實，時間只是人類利用星球穩定的移動，將之切割成幾個移動的單位，譬如年、月、日、時，來衡量變易的工具。這好像公斤

是衡量重量的工具，我們吃多吃少造成體重的增減，卻是與衡量的工具無關。

生物體一直都在變易，不論我們喜不喜歡，都在往衰老與死亡的方向變易，終點是回歸塵土，這是每一個人都無法改變的變易。然而我們的靈命屬於無限的層次，人的靈命雖然偏行己路，如同迷途的浪子，走在空心（與神分離）的道路上，神卻為人類提供可以改命回家的道路。就是可以因耶穌的救援，回家與神團圓合一，不再是不安空虛的空心生命。神「三位一體」運作的目的，就是在召喚人類悔改回家。我們回應聖靈的感動，決志相信耶穌，並進行去偏入正的心靈重建，往正心變易，落實為神的殿，這是生命回家的變易；讓生命的空位從神得到滿足，得到平安喜樂與生活的力量。因此，我們的生命往正心的方向變易，與神的德性愈來愈同質相容，回復為「正心神殿」的生命，才是真實。我們活出真實的自己，才讓時間有正心的成長好衡量，才是珍惜時間。隨著去偏入正的進行，我們可以體會到我們的生命逐漸從「有悔沒改」、變易到「有悔漸改」、「有悔多改」、以及往「有悔全改」邁進。我們如果沒有變易，還是偏心不改，時間沒有正心的成長好衡量，那是在虛擲光陰，把最後一顆「藍寶石」丟進大海。

人的價值

我們需要作決定來走人生的路，但「生活」有生活的決

定，「生命」有生命的決定。生活的決定是追逐有限層次的事物，要得到豐衣足食，功名富貴；生命的決定則是要把握到至上神，由神來滿足生命的空位，使我們的生命回復為神的殿。生活的決定與生命的決定都會造成變易，然而，生活的決定無法改變生命。我們如果不作生命的決定，還是偏心不動，就無法落實為正心神殿。因此，除了生活的決定，我們還需要作生命的決定，往正心成長，才是最重要的決定。因此我們不要為了充分利用時間而瞎忙，而是要為了正心的成長而充分利用時間，要每天與神有約，進行心禱。進一步說，我們要把握的是生命，不是時間。在神的眼中，生命的價值不在於歲數的多少，不在於豐衣足食，功名富貴，而在於正心的生命，在於有沒有深度落實為神的殿，得到平安喜樂。正如一本書的價值，不在於它的厚薄，而在於內容。

　　　　當兒子還讀中學的時候，有一天中午飯後一起聊天，我問兒子現在最想做的是什麼，答說到天堂。

　　我問：「為什麼要到天堂？」

　　答說：「你不是說天堂很好嗎？」

　　我問：「到天堂會見到誰？」

　　答說：「會見到神啊！」

　　我問：「那你要帶什麼禮物給神呢？」

　　兒子很吃驚地說：「見神還要帶禮物嗎？！」

　　我反問：「不必帶禮物嗎？」

　　想一想，我們到那一天見神的時候，是不是就大搖大擺

喊著說，神啊我來啦⋯⋯！

我們需要帶禮物嗎？什麼禮物帶得去？是世上的功名、利祿、歲數嗎？這些帶得走嗎？神要這些嗎？答案是不要。如果帶這些做為禮物送給神，那就好像帶個縣令的官位送給皇帝。

不，這些帶不走，神也不要。那麼，什麼才帶得走？神要的是什麼？答案是，只有我們這個生命帶得走，送給神最好的禮物就是合神心意的生命，是正心的品質，是歡迎神進住的德性。到那天我們見神的時候，神要看的就是我們正心品質的多寡，這是以神給我們的自由，與聖靈合作，作決定去偏入正，讓正心成長的結果。

在神的創造當中，「自由」是最高層級的創造。神不強行掌控我們的生命，而是賦予人類自由，讓人類成為有靈的活人，可以獨立決定要「背離神」或是「歡迎神」。我們以這個自由，決定相信耶穌並進而去偏入正，讓我們生命的德性與神愈來愈同質相容，愈來愈是正心的生命，來歡迎神深度的進住，回復神的形象（圖5B-2、圖7C-2），這就是帶給神最珍貴的禮物，是神所要的。因此去偏入正歡迎神的進住，就是在愛神。這正心的生命因此是人最高價值的所在，因為終極價值的神才願意居住。

成為活祭

因此，人的價值不在於時間的累積，不在於又增加了一

歲，也不在於學位、財富、權勢、地盤、舞台的擁有，而在於正心的成長。從敬拜神的角度，正心的成長就是成為「活祭」，以正心的生命來建造敬拜神的祭壇，以正心的生命來獻給神，與神和好合一，這是神最喜歡的禮物。

個人祭壇

因此，我們「敬拜神」就是在預備送給神的禮物，這是一個使內在生命愈來愈合神心意，歡迎神深度進住的過程。為什麼要預備？因為我們這個生命本身就是禮物，是神要居住的所在。但偏心的意志，卻是得罪神的生命，神不要這樣的生命，因此要預備。要如何預備？就是以耶穌基督為「祭品」，得到神的饒恕與接納，並進而去偏入正改變自己。

然而「敬拜神」是神人之間的關係，「祭品」的功能是讓神因接納祭品而願意接納敬拜的人。因此，神最終要接納的不是祭品，而是人本身，也就是，神要進到人的生命裡面居住，以人為神接納的對象。所以說，以合神心意的正心生命來獻給神，歡迎神的進住，才是最好的禮物。由於人是活的、會成長的生命，以祭品的概念來說，預備自己做為禮物就是成為活祭。因此使徒保羅在勸戒基督徒的時候說，要「將身體獻上，當作活祭……，心意更新而變化」[1]。保羅在這裡乃是對那些在主耶穌裡得到神接納的罪人，勸戒他們要「脫下舊人、穿上新人」，成為愈來愈是神喜歡居住的所在，成為活祭。

在這裡，耶穌基督是神人之間的「祭品」，而人類本身也是「祭品」，這兩者有什麼不同？耶穌基督做為祭品，是

替人類引路，讓人類得到神的接納。然而，神此時所接納的人是偏心的生命，但神要居住的卻是正心的生命，這中間有一個很大的落差。因此神對人類生命的救恩有雙重的內涵。第一、人類「不必重建好再回家」，而是以耶穌為祭品，能夠「有悔沒改、帶罪回家」，得到神的接納，與神建立初步的關係，就是外殿的關係；第二、神在耶穌裡賜下聖靈，幫助我們「回家後重建」，就是幫助我們去偏入正，心意更新而變化，使我們的生命愈來愈合乎神的心意，與神建立內殿、聖所、乃至於至聖所的關係[2]。 因此，基督徒不要在受洗回到神家之後，卻偏心不改，像是一潭死水，而是要往正心變易，要成長。會成長才是活的，才是活祭，才是愈來愈是神喜歡居住的生命，才是珍惜時間。再說，由於人本身是神所要接納進住的生命，人如果愛神，能不「去偏入正、改變自己」來歡迎神的進住？

因此，生命能夠去偏入正，「心意更新而變化，一天新似一天」[3]，才是活的祭品，才能以正心的新我，與神愈來愈和好，以及愈有深度的合一。這活祭就是以去偏入正來建造的「個人祭壇」，是一個動態、會成長的祭壇。這是愈來愈是與神的德性相容，愈有基督長成的身量，愈能散發基督馨香之氣的生命，是神最喜歡的禮物。

兩種祭品

以耶穌為祭品：耶穌基督做為祭品替人類引路，讓我們能夠得到神的饒恕與接納。這是神容許我們「帶罪回家」，不必重建好再回家。這是我們在耶穌基督裡做出「信心的跳越」，得到神的接納。

以自己為祭品：我們回家之後，與聖靈合作，去偏入正，心意更新而變化，讓我們愈來愈是正心的生命，成為神深度居住的所在，是神所悅納的祭品。這是「回家後重建」，是「信心的成長」，成為活祭。

圖11C-1　兩種祭品與成為活祭

家庭祭壇與教會祭壇

　　既然有「個人的祭壇」，就有「集合的祭壇」，就是家庭祭壇與教會祭壇。那麼，家庭祭壇與教會祭壇要如何建立？這需要先了解家庭與教會是什麼。

　　從人的角度來說，家庭與教會都是由人組成的團體。「家庭」屬於有限的層次，比較單純，然而「教會」是耶穌基督的身體，由相信耶穌的人所組成。由於耶穌是神，跨越有限與無限兩個層次，因此教會有兩種，一是無形的教會，一是有形的教會。無形的教會屬於無限的層次，其成員是歷世歷代以來，真正屬於耶穌基督身體的基督徒。這些真正的基督徒，每個人都建立個人祭壇，直接與神建立「正心神殿」的敬（祭）拜關係，立命於神。

　　而有形的教會則是散佈在世界各地的教會。這些教會在有限的層次看得到，是有形的，由參加教會的成員所組成。

譬如這間教會有兩百人參加聚會，這兩百人就是一個有形的教會。但這兩百人當中，不是全部都屬於無形教會的成員，因為其中雖然有的人真正屬於耶穌，但有的人卻不是，譬如有的人還在慕道當中，有的人到教會是要結交男女朋友或是政商名流，或是利用教會的資源。因此在一個有形的教會裡面，有的人屬於無形教會的成員，有的人不是。而屬於無形教會的成員，則因去偏入正的程度，與神親密的關係也有不同。他們所建立的個人祭壇，有的是外殿的祭壇，有的是內殿的祭壇，有的是聖所的祭壇，有的是至聖所的祭壇。

　　再者，家庭屬於有限的層次，是多人的集合體。但神要居住的是每個人生命的空位，也就是每個人需要各自成為正心神殿的生命。這是家庭的每個成員需要在神的面前，建立自己的個人祭壇，才能一起組成家庭祭壇。神不是要住在一個集合名詞裡面，也不是要住在一棟房子裡面。因此，家庭祭壇不是一起做家庭禮拜，一起查經禱告，一起到教會崇拜而已。如果家庭成員沒有在神的面前進行去偏入正的內部敬拜，沒有建立深度的個人祭壇立命於神，而只是有外無內的外殿祭壇，那麼一起做家庭禮拜，一起查經禱告，只是有外無內的家庭祭壇。家庭成員需要人人成為歡迎神深度進住的個人祭壇，才能組成神所喜悅的家庭祭壇。同理，有形的教會也是多人的集合體，也要成員個個建立個人祭壇，才能組成教會祭壇，並且也是需要人人成為歡迎神深度進住的個人祭壇，才愈是神所喜悅的教會祭壇。

　　進一步說，走上「生命的路」的關鍵，就是建立深度的個人祭壇，並依照生命的程度，散發基督馨香之氣。建立深

度的個人祭壇是內部的敬拜，是生命的層面，是單獨跟神建立和好合一的關係，屬於無限的層次；散發基督馨香之氣是外部的敬拜，是生活的層面，屬於有限層次的行為。要有深度個人祭壇的基礎，才能真正散發基督馨香之氣。因此家庭祭壇與有形的教會祭壇都屬於散發基督馨香之氣的層面，都屬於外部的敬拜，都需要有個人祭壇的基礎。我們以建立個人祭壇來建立家庭祭壇，來讓家庭散發基督馨香之氣，譬如彼此相愛；我們也以建立個人祭壇來建立教會祭壇，來讓教會散發基督馨香之氣，譬如一起崇拜、查經、團契、行善、傳福音等等。教會領導人更需負有推動與教導其成員進行內部敬拜，來建立深度的個人祭壇的責任。換言之，教會是幫助其成員去偏入正，建立個人祭壇的場合；互相鼓勵，互相扶持，一起進深，一起崇拜，所以說「不可停止聚會」[4]。

生涯規劃

最後，我們需要談到生涯的規劃，讓我們好好珍惜時間，把握最後一顆藍寶石。因為死亡不是老年人的專利，每個人都需要好好預備見神的面。

> 據說有位記者夢見至上神。由於專業的敏銳性，馬上抓住機會請求神讓他採訪一下，神特准了。記者趕快腦筋急轉彎，想出一個有特色的問題。
>
> 「神啊，祢看人類在人生的道路上，有沒有什

麼矛盾可笑的現象？」

神不假思索地回答說：「有，有三項！」

「哪三項呢？……」記者迫不及待，托托眼鏡，緊握著筆桿要好好記錄下來。

「第一，人在小的時候常常盼望自己趕快長大，但等到長大之後，卻希望返老還童！」

「第二，人在年輕的時候常常像拼命三郎，用健康去換取金錢，等到年紀大了，卻要用金錢來換取健康！」。說著，神停頓了一下……。

「第三項呢？」記者趕緊追問下去。

「第三，人活著的時候，活得好像不會死，但死的時候，卻死得好像沒有活過！」

神的回答讓記者感到非常意外！什麼是活得好像不會死？什麼是死得好像沒有活過？要怎樣活才算是真正的活過？！[5]

我們說人生有兩條路，一條是生活的路，一條是生命的路，這兩條路每個人都要走，但很多人卻只走生活的路。就像這故事所說，活得好像不會死，好像一直要活下去，不必為永恆做打算與規劃。死的時候，世上所努力追逐的事物，沒有一樣帶得走，像是黃粱一夢[6]，轉眼成空，該把握的沒有把握，死得好像沒有活過。到底要如何才算是真正的活過？這就需要有健全的生涯規劃，包括生活的規劃與生命的規劃，因為我們不僅有生活要過，更要把握到生命的根源，回復為神的殿，實現真實的自己。[7]

　　進一步來說，生活與生命的關係，就如下面二圖所示，「地上樓層」好比生活的層面，「地基」好比生命的層面。我們如果只走生活的路，則靈命還是「偏心空心」的生命，與神沒有交集，沒有落實為神的殿，喪失了生命在永恆中的目的。這樣的人生，以「偏心」來過世上的生活，或許成功，或許失敗，或許互相傷害，或許走避傷害，或許以行為討取神祇的喜悅，向神祈福消災，或是相信自己，走自己的路，然而生命的深處還是「空心」的生命，還是孤單的靈魂。

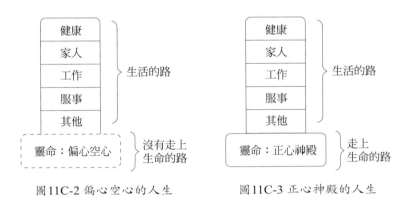

圖11C-2 偏心空心的人生　　　　圖11C-3 正心神殿的人生

生活規劃與生命規劃

　　因此，我們做生涯規劃的時候，不要只為世上數十寒暑的生活來規劃，我們要同時進行生命的規劃。「生活的規劃」屬於有限的層次，是為世上一生的年日來規劃，譬如求學、成家、立業、退休等等，這是生活幸福的追求。「生命的規劃」則屬於靈命無限的層次，是要把握生命的根源，得到生命的平安與永恆的幸福。

我們生活的規劃做得好，在人生的道路上，會有美滿的家庭、知心的朋友、或志同道合的團體。但這些僅能構成生活的共同體，大家在生活中互相支援與扶持，這很好，但生命方面每個人卻仍需要單獨地走。為什麼？因為生命要落實為神的殿，生命的空位要從神得到滿足，則需要每個人單獨與神建立關係。因此，我們存活在有限的層次，與人組成生活的共同體，縱使生活順利、事業有成、守望相助、或是團契親密，還是會感受到生命的空虛與不安，尤其在遭遇到極大的痛苦與恐懼的時候，譬如失戀失業、妻離子散、事業失敗、身罹重症、天災地變、戰爭動亂、或是年老寂寞等等。這時更體會到別人只能給予口頭的安慰，只能照應生活的安適，但無法分擔或減輕生命裡面的痛，譬如憂心恐懼之痛以及空虛孤單之痛。這些痛苦還是要自己承擔，因為人與人之間僅能構成生活的共同體，別人無法進入我們的生命來與我們構成生命的共同體，來承擔或減輕我們生命的痛苦，縱使親如夫妻之間或是親子之間也是如此。譬如孩子在學校遭受惡少的恐嚇勒索，其孤單恐懼與不安還是要自己承受，父母無法進入孩子的生命來減輕或除去孩子內心的痛苦，反而是父母同受不安與痛苦。然而神能進入我們的生命，在苦難中帶來真正的平安與安慰。我們能與神和好合一，能歸屬於神的生命共同體，這是依照神的形象受造、原有的「福氣」。

　　神的恩典就是在耶穌基督裡，讓我們能夠回復這份福氣。我們需要作好生命的規劃，將這份福氣落實出來；就是進行去偏入正的心禱操練，回復為正心神殿的生命。這樣，在心靈重建的過程中，我們逐漸回復為正心的生命，漸能作

出合神心意的決定，活出合神心意的生活。這樣，我們一面成為神生命共同體的一份子，一面與人組成優質的生活共同體，生命的深處有平安喜樂，直通到永恆。

生活規劃：食衣住行、功名富貴、
　　　　　與人組成生活共同體。

出生　　　　　　生物體死亡　　　　　　　　　　　　生命

生命規劃：從「偏心空心」回復為「正心神殿」，
　　　　　得到神的內住，成為神生命共同體的一員。

圖11C-4 生涯規劃：生活規劃與生命規劃

真正活過

　　古時候有一位非常聰明又多才多藝的人，住在山的東邊，自稱是「東方智」。他時常對時局發表評論，只要有事件，他就有意見。對於古今聖賢，他也多所非難。可惜他出身貧寒，生活清苦。他有位好友非常富有，不僅住在豪華大宅，並且車馬奴婢、鐘鼓帷帳都一應俱全。有一天這位好友來探訪東方智，說要遠行一年，請他在這段期間搬到豪宅居住，當一年的主人。這當然非常好，於是等好友登車一走，東方智馬上搬進去住。管家以及奴婢都來一一參見，並稱呼他為「假公」。管家接著帶領他參觀大宅，真是又寬又大，讓他看得目不暇接，讚不絕口。

忽然他想上廁所，請管家帶路。如廁之後，對管家說：「這廁所又狹小又低濕，跟這大宅非常不稱，你看拆下來重建如何？」管家恭敬地回答說：「任憑假公吩咐。」於是整間廁所拆下來重新修建，地基加高，廁間加寬，並且還要裝潢、雕刻、油漆。假公也親自參加指揮起造，掄斧、揮帚、搬運建材，樣樣都來。假公並且要求完美，上午蓋了，下午修改，稍不合意，推倒重來。這樣修了再修，每天非常忙碌，很有幹勁，日子過得又快又有意義。一天，僕人前來稟報，主人回來了。假公連忙丟下手上油漆的刷子趕去迎接。主人問說：「住在我家這一年快樂嗎？」東方智被問得目瞪口呆，一時傻住了，接著嘆了口氣，說：「自從你出門之後，我每天忙著修建廁所。富麗溫暖的大廳，東邊清爽的別館，西邊美麗的花園，南邊賞月的樓台，後院美妙的歌舞，這些都還沒來得及觀賞享用，誰知你就回來了。」主人於是禮貌地請他離去。

東方智回到自己矮小老舊的盧房，又悲又歎，不久抑鬱而死。這件事就在鄉里間當作笑談流傳開來。大家非常不解，為什麼那麼聰明的人，住到豪宅卻整年在修廁所。這時有人提議去請教隱居在山上的智慧老人。當大家會集在智慧老人那裡陳明來意之後，老人說：「你們覺得東方智很可笑？這

世上自以為聰明，一天到晚忙著修廁所的人多著哩！」[8]

是的，廁所不是不重要，沒有廁所的房子，我們不會購買，但是我們買房子不是為了廁所。我們來到人間，生活要過，但生命得到平安喜樂才有價值，生命要有永恆的幸福才值得。不要一生只走生活的路，最後一切都帶不走，真正該把握的沒有把握到，就像住在豪宅卻只會修廁所，迷失了方向，無法回到生命永恆的歸宿，死得好像沒有活過。

神人之間的障礙是偏心的意志，不是善行、苦行、服事、以及敬拜的次數不足。我們如果以偏心的生命來存活於人間，不僅在現世互相傷害，離世之後將因「偏心」而繼續降服在撒旦的權勢，與鬼靈為伍；同時也因「空心」而繼續空虛孤單。這是以偏心空心的靈魂，繼續遭受撒旦的轄制，並與撒旦一同滅亡[9]。這是生命最大的不幸！

因此，生活的路要走，生命的路更要走，而這兩條路所要作的決定不一樣。生活的決定是追逐有限層次的事物，生命的決定是要把握生命的根源。生活的事物雖然可以讓我們得到成就感、歸屬感、以及安全感的滿足，但卻只有有限的超越，只是暫時性與階段性的滿足，無法終極滿足生命深處的空位，並且到時候都要撇下帶不走。我們如果沒有把握到生命的根源，來滿足生命的空位，生活的幸福只能帶來光鮮亮麗的外表，生命卻像斷了線的風箏，沒有根，沒有立命之處。而今因著耶穌基督的十字架，我們能夠在人生的迷宮找到幸福的指南，能夠走上生命的路。接下來，我們要依靠聖靈的幫助，把生命的路走好，讓我們長大成人，滿有基督長成的身量，好好把握到生命的幸福。

因此，生活的規劃與生命的規劃屬於兩個不同的層面。然而，層面雖是不同，卻不是二選一的選項，而是兩條路都要走，並且生命是生活的基礎。生命錯了，生活再榮華富貴，仍然空虛不安與互相傷害。因此，只做生活的規劃，只作生活的決定，不能解決生命的問題，不能滿足生命的空位。因此，我們做好生命的規劃，走好生命的路，把握到神才是根本。這樣，今生有神為伴，以平安喜樂的生命來過世上的生活，發展世上的事業，與人和睦，得神眷佑；將來以神為永恆的歸宿，繼續平安喜樂的存在，才是真正的存活。所以，與神接通，生命對了，生活就對；生命正心，生活放心；生命平安喜樂，生活就有力量。這是立命於神，安身於世，生命生活兩全，真正地活過。

生活忙碌、如何走生命的路？

　　然而，人們常常覺得生活非常忙碌，需要拼命工作賺錢，哪有時間走生命的路？這話乍聽起來很有道理，我們需要工作，需要生活，哪有時間到教會做禮拜？話雖這麼說，但生命的路有這麼難走嗎？不，不難走。走生命的路，就是走上尋根之旅，認主歸宗，立命於神，這是每個人都要走的路。立命於神是目的，方法是敬拜神，包括內部敬拜與外部敬拜。

　　內部敬拜就是願意悔改以及實踐悔改，這是內在生命與神暢通的問題。每天只需約二十分鐘的「定時心禱」，在起

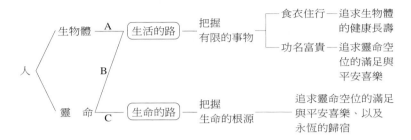

人生有兩條路，圖中 A 與 B 是生活的路，C 是生命的路：

A. 努力滿足食衣住行的需要，就是生物體存活的需要。

B. 努力追逐有限層次的功名富貴來滿足靈命空位的需要，但有限的事物只是暫時性的滿足，無法根本滿足無限的空位，因此生命最終還是空虛不安，生活不能解決生命的問題。

C. 在耶穌裡把握到生命的根源，終極滿足靈命的空位，得到真正持久的平安喜樂以及永恆的歸宿。

　　因此，生活的路所作的決定是追逐有限的事物，來得到生活的幸福；生命的路所作的決定是把握生命的根源，來得到生命的幸福。我們不能以生活的決定，來得到生命的幸福。因此生活生命兩條路都要走，生活的決定以及生命的決定都要作。但生命高於生活，沒有平安的榮華富貴還是空。

圖11C-5 人生兩條路（二）

床或是就寢的時候都可以進行。如果真的非常忙碌，則利用中午休息的空檔，或是坐車的時間也可以進行。如果再沒有時間，則可以進行簡易的「三加二心禱」，每次只需數秒鐘，意念調向神，不影響作息，並且「整點心禱」與「隨時心禱」也可以隨時隨地進行。當我們進行這些心禱，就是在進行內部的敬拜，重點是要真正謙卑在神的面前「去偏入正、改變自己」。這就是在愛神，歡迎神來滿足生命的空位，走上生命的路。因此要走上生命的路是「決心」的問題，不是

「時間」的問題。何況進行心禱才能得到神深度的同在，有平安面對苦難，有勇氣突破困難，能夠改變脾氣與人和睦。如果家人一起心禱，更是能夠夫妻恩愛，子女孝順，家庭和樂。

　　再者，說沒有時間，可能是沒辦法撥出時間，到教會參加主日崇拜或是教會的活動，或是參與教會的服事，其實，這些是外部的敬拜。神所鑒察的是我們的內心，神優先要看的是我們有沒有進行去偏入正的內部敬拜，有沒有歡迎神的進住。只要我們進行內部的敬拜，神就要進住我們的生命，滿足我們的空位，讓我們回復為神兒女的身份。當我們的生命成長到一定的程度，外部的敬拜自然水到渠成；有多少亮度，就發出多少亮光，由內而外，對周遭的人就地愛心發光，從家人做起。外部敬拜是生命的見證，是生命在生活的

窮得只剩下錢

呈現，與生活的起居不可分。因此走上生命的路是「決心」的問題，不是「時間」的問題。

　　在我們走上生命的路之後，漸漸體驗到神的同在與眷佑，而願意有伙伴一起同走生命道路的時候，可以向神祈求智慧來安排時間，來參加教會的外部敬拜，譬如參加聚會以及團契或小組。在神的祝福下，與同走生命道路的教會伙伴，互相鼓勵，互相支援，一起蒙福。這是己立立人，生命與生活兩全的人生康莊大道。[10]

【思考問題】

□ 神人之間的「祭品」有哪兩種？使徒保羅要基督徒「將身體獻上、當作活祭」的意義是什麼？什麼是個人祭壇？為什麼有了個人祭壇才有家庭祭壇？也才有教會祭壇？這與內部敬拜以及外部敬拜的關係如何？

□ 「有形教會」與「無形教會」的區別何在？這與建立個人祭壇有什麼關係？

□ 什麼是生活的決定？什麼是生命的決定？為什麼人生不能只走生活的路？忙碌的人們、有時間走上生命的路嗎？

1. 羅馬書 12:1-2。「將身體獻上，當作活祭……」，這裡「身體」的原文（希臘文）是 somata，意思是整個人，包括生物體與靈命。當作「活祭」，在靈命方面指內部敬拜，在生物體方面則指靈命透過生物體所呈現出來的正心行為，是外部敬拜。因此，成為活祭不是獻身當傳道人，到神學院讀神學而已。成為活祭是內部敬拜，立命於神，是每個基督徒都要努力的功夫。到神學院讀神學當傳道人屬於外部的敬拜，是安身於神所喜悅的事工。因此當傳道人必須有內部敬拜的基礎，是由內而外的服事，不能是有外無內的服事。因此神學生與傳道人必須做好內部的敬拜，一面生命成長，一面在生活中（在有限的層次）幫助人走上生命的路。

2. 我們跟神之間的隔閡是「生命品質」的問題，不是「行為數量」的問題。是品質（德性）與神的生命不相容，而不是善行、苦行以及知識的數量不足。因此，品質的問題需要以品質來解決。品質的問題解決，合神心意的行為自然由內而外，水到渠成。我們在耶穌裡誠心認罪懺悔，表示「自大剛硬」的生命開始有軟化的跡象，這是有悔改的意願，屬於品質的層面，是神所喜悅的。因此「不必重建好再回家」，可以「有悔沒改、帶罪回家」，所以說憂傷痛悔的心，神必不輕看（詩篇51:17）。但是，神期待我們回家之後，要有悔有改，讓基督的德性成形在心裡（加拉太書4:19），這是神差遣聖靈幫助我們的重要內容。我們如果回家之後繼續有悔沒改，還是偏心如故，只是以知識與行為來親近神，那還是一潭死水，生命沒有進展。

3. 羅馬書 12:1-2、哥林多後書 4:16。

4. 希伯來書 10:25。

5. 本故事以及書中有些故事流傳已久，作者出處不詳，特此致謝。

6. 有這麼一個寓言故事。據説一千多年前唐代有一個人名叫盧生，在邯鄲旅社遇到老翁呂氏。盧生自嘆窮困，呂翁就從袋裡拿出一個枕頭給他，説：「你用這個枕頭睡覺，會使你如意。」這時旅社的主人正在蒸煮黃梁（一種穀物）。盧生就在這枕頭上進入夢鄉，娶了崔姓女子，是個富家美女。不久盧生中了進士，當官做到節度使，帶兵大破外敵。接著一連當了十年的宰相，兒子五人都當官，孫子輩有十餘人，都是與天下的望族聯婚。盧生活到八十多歲才死。此時醒過來，卻發現黃梁還沒有煮熟。盧生甚覺奇怪，問道：「難道這是一場夢？」，呂翁答説：「人世間的事，都是這樣。」

7. 第二章（2A）談到「意義本身在死亡面前也都沒有意義」，為什麼？ 這要先問，人如何讓日子過有意義？原來「意義」附著於「價值」裡面，人如果沒有價值好追求，就沒有存活的意義。進一步言，意義是產生在「追求有價值的事物」的過程中，以及產生在「當下從事有價值的事物」當中。前者譬如創業有價值，對明天有希望，今天就有幹勁，日子過得有意義；後者譬如在當下進行急難救助，救災有價值，做得起勁有意義。這是以有價值的事物來滿足生命空位對價值的需求，讓日子過得有意義（參圖3A-2）。但有限層次的事物不是終極（永恆）的價值，而是次要（短暫）的價值，不能終極滿足

生命的空位。當人面臨死亡，不僅要與所擁有或所愛的人事物分離，並且不能動了，無法再追求下去，「意義」再也沒有「價值的追求」來支撐，更覺得沒有意義了。

　　人類生命的「最高價值」在於得到「終極價值」的神的進住，來滿足生命的無限空位，並且是永不分離，直到永恆，一直有意義。從生命「為何值得存在」的角度來說，這是落實生命存在的目的，做為「神的殿」，立命於神，也就是回復為神兒女的身份，與神團圓合一，實現真實的自己。縱使面對生物體的死亡，還是繼續與神連結，繼續有意義。從愛的角度，是繼續與神相愛。因此把握到神，才把握到生命的終極價值、意義、與溫暖，生命的空位才得到終極的滿足。因此在有生之年要把握到神，才不會死得好像沒有活過，才是真正的活過。

　　因此人需要有生命的路可走，需要耶穌從無限的層次來為人類開路，讓我們與神接通。不然，如果只能把握到有限層次的事物，不能終極滿足生命的空位，這樣的存在還是空心的存在，不安空虛，無解。

8. 本故事編寫自南宋趙與時的《賓退錄》卷六。

9. 啟示錄 20:10-15。這是與撒旦一起被扔在火湖裡，直到永永遠遠。

10. 然而，能夠盡早加入教會的團體，來一起走上生命的路，早日有人互相鼓勵，互相支援，當是最好的選擇。

窮**得**只剩下錢

第四篇

把握幸福

「祢必將生命的道路指示我，在祢面前有滿足的喜樂，
在祢右手中有永遠的福樂。」

（詩篇 16:11）

第十二章
不要只剩下錢

　　本書的主軸是要釐清生活與生命的關係，要把握真正的幸福，不要一生奮鬥下來，落得「只剩下錢」，或是說，落得只有帶不走的「玻璃珠」，唯獨遺漏永不分離的「珍珠」，就是至上神。[1]

　　人類的幸福在於「生命深處的空位」得到真正的滿足，這只有至上神才能滿足。這是成就感、歸屬感、以及安全感的終極滿足，得到真正恆常的平安喜樂（圖3A-2）。因此，人生的終點不是殯儀館，那只是「生活之路」的終點；人類還有一條更重要的路要走，就是「生命的路」。因為生命永遠長存，永恆的神才是我們「終極尋覓的對象」，是我們永恆的歸宿。我們必須作決定，走上生命的路。

　　人的生命不是一個淺水的池塘一眼見底，而是一個深邃的湖泊深不可測。人心似乎單純善良，卻又高深莫測，詭計

多端。人的存在不只是自然界「有限層次」的存在，需要追求生活的幸福；更是有靈界「無限層次」的存在，需要得到生命的幸福。

　　然而要從神來滿足生命的空位，得到真正的幸福，是一件複雜的生命大工程。因為神人之間不僅有「人類偏心意志的障礙」，還有「撒旦對人類的轄制」；對於前者，人類無法自廢武功，對於後者，人類無力掙脫。這難題牽涉到無限層次的靈界，人類陷入其中而不自知，只感到空虛孤單以及人心險惡，卻又無能為力。由是，人類無法以偏心的生命，透過知識、渴慕、與行為來把握到神，來滿足生命的空位，而是需要神前來救援。這救援的行動跨越「有限」與「無限」兩個層次，戰場兩邊進行[2]，超乎人類的能力與頭腦的理解。人類因此在追求生命的幸福的時候，像是身陷深山，撲朔迷離，不知出路在哪裡，不知道如何上路。為了得到真正的幸福，本書希望幫助讀者釐清下列數點：

　　1. 釐清「生活的路」與「生命的路」
　　2. 釐清「生活的幸福」與「生命的幸福」
　　3. 釐清「生活的決定」與「生命的決定」
　　4. 釐清「生命的品質」與「生命的目的」
　　5. 釐清「人性的首腦」（人類「作決定」的機制）
　　6. 釐清「偏心」、「空心」以及「生命的困境」
　　7. 釐清「性本善」、「性本惡」以及「良知」
　　8. 釐清「正心」與「偏心」
　　9. 釐清「理性」與「信心」

10. 釐清「神的主權」與「人的自由」
11. 釐清「信心的跳越」與「信心的成長」
12. 釐清「知識讀經」與「生命讀經」
13. 釐清「生活禱告」與「生命禱告」
14. 釐清「歸位和好」與「歸心合一」
15. 釐清「內部敬拜」與「外部敬拜」
16. 釐清「個人祭壇」與「集合祭壇」
17. 釐清「生活規劃」與「生命規劃」
18. 釐清「生活共同體」與「生命共同體」
19. 釐清「生活恩典」與「生命恩典」（圖12D-5）
20. 釐清「基督信仰」與「人間學問」（圖12D-8）

　　然而，本書最關鍵的地方在於雙愛心禱的結構，就是親近神要去偏入正「與神和好」，才好落實神殿「與神合一」，從神得到生命空位的滿足。然而說到最後，只有一句話：「道理千條，不如實踐一條」。只有實踐心禱操練，有悔有改，走好生命的路，才能得到神豐富的同在。在此特以下列八個圖表來做為本書的重點摘要。

圖12D-1 人類生命的三大困境

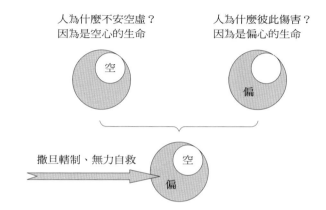

人為什麼不安空虛？
因為是空心的生命

人為什麼彼此傷害？
因為是偏心的生命

撒旦轄制、無力自救

　　人類中了撒旦的木馬程式，讓撒旦的意念像電腦病毒一般，進入人的心中，使作決定的機制受到撒旦的轄制，以自我為中心，成為偏心「性本惡」的生命，導致神人分離，生命中神居住的所在因而騰空，成為空心的生命。

　　人類因墮落而陷入空心、偏心、無力自救的三大困境。

　　空心：生命深處的空位無法得到神來滿足，失去生命存在的目的，如羊走迷，沒有立命之處，因而空虛孤單；

　　偏心：人類互相傷害，製造彼此的苦難，歷史一再重演，活得辛苦；

　　無力自救：人類以偏心空心的生命掉入與撒旦及其鬼靈群為伍的不幸，沒有自力脫困的指望。

　　這三大困境讓人類感到人生沒有出路，生存太沉重。

圖12D-2 性本惡與良知

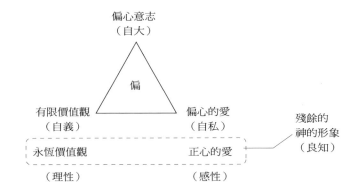

人性首腦的「意志」受到撒旦的引誘，敗壞為偏心的意志，成為自大的生命，自命為王，與生命的源頭為敵，造成天人分離。此時，理性受到自大的介入而自義，自以為是；又因與神分離，沒有神的選項，只能追求有限的事物來滿足生命的空位，價值觀乃扭曲為有限的價值觀。感性受到自大的介入而自私，貪婪仇恨。此時一切的作為都是為了愛自己與圈內人，愛的優先順位乃扭曲為偏心的愛。

但此時理性還有殘餘的永恆價值觀，有永恆的意識，會希望不朽，有天意的概念，會有羞恥之心；感性還有殘餘的正心的愛，有天良的概念，會有惻隱之心。這些乃所謂的良知，是殘餘的「神的形象」，屬於理性與感性的領域，但理性與感性只提供資訊，不作決定，是意志在作決定。

追根究底，人性所以出問題，乃因為做為首腦的意志敗壞，成為偏心的意志，在利益衝突的時候，以利害為準來作決定，會抗拒良知的聲音，明知故犯，犧牲別人來愛自己，是為生命深層的惡，是性「本惡」。

圖12D-3 救恩的必要：人性本惡才需要耶穌

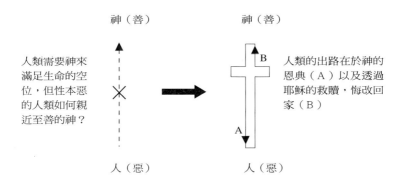

神（善）　　　　　　神（善）

人類需要神來
滿足生命的空
位，但性本惡
的人類如何親
近至善的神？

B

人類的出路在於神的
恩典（A）以及透過
耶穌的救贖，悔改回
家（B）

A

人（惡）　　　　　　人（惡）

　　人類如果不是從「性本善」敗壞為「性本惡」，耶穌基督就不必來到世上為
人類贖罪，因為無罪可贖。如果不是性本惡，人類靠著善行就跟神通了。其實，
也不必什麼善行，因為是性本善，本來就通了，根本沒有「內德不同天、天人不
合一」的困境。這樣，天下本無事，大家都彼此相愛、平安喜樂。法律、警察、
法院、國防都是庸人自擾了。但是，哪個國家敢把法律、警察、法院、國防撤
掉？

　　所以說，因為人類已經敗壞為性本惡的生命，無力自救，需要外力介入，創
造主才需要來到世上為人類贖罪開路。讓人類以神給我們的自由，走上神為人類
打開的活路，能夠認主歸宗，偏心的生命得到神的饒恕，空心的生命得到神的內
住，並進一步幫助我們去偏入正，重建心靈，讓我們能夠與神建立深度和好合一
的關係，並與人建立和睦的生活共同體。

　　因此，神人之間的隔閡在於人類「內在生命」質的敗壞，不在於「外在善
行」量的不足。由是，外顯需先除內，善行需先洗心。

　　因此，基督信仰不是要在偏心的結構中勸善，而是要使我們跳出偏心的結
構，回復為正心的結構，成為善的生命（參圖12D-8）。當我們逐漸回復為善的
生命，善行自然水到渠成。

圖12D-4 神的救恩（二）

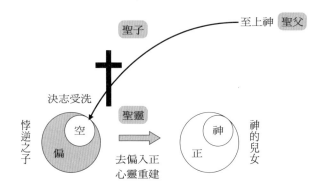

人類陷入空心、偏心、無力自救的三大困境裡面，神的救恩乃以三位一體的作為，在耶穌基督裏，回到人類生命的空位。這其間神（聖子耶穌）為人類承擔神人之間偏心的障礙，以及擊敗撒旦的轄制；讓凡在聖靈的感動下，願意走上生命之路的人，透過「決志受洗」與「心靈重建」，能夠從「偏心空心」的生命，回復為「正心神殿」的生命，來與神建立深度的和好合一的關係，有神來終極滿足生命的空位，回復為神兒女的身份。

圖12D-5　神的救恩（三）：生命的恩典與生活的恩典

神的恩典	一、生命的空位從神得到滿足 1. 因信回家：因人在耶穌裡認罪懺悔，神願意饒恕，願意回到人的生命，但這是初步的和好合一，是外殿的關係。這是帶罪回家。 2. 因愛成聖：神在耶穌裡賜下聖靈，來與人類互動，感動與幫助我們進行去偏入正的心靈重建，使我們能夠與神建立深度的和好合一的關係，從內殿而聖所而至聖所。這是回家重建。	生命的恩典 （主要的恩典）
	二、生活的需要從神得到眷佑	生活的恩典 （次要的恩典）

生命的恩典：神讓人類能夠帶罪回家重建，而不是要求人類自力修行，等到重建完成、無罪了才能回家。因此「因信回家」與「因愛成聖」是一個連續的動態進程，正是聖經所說：「惟獨使人生發仁愛的信心才有功效」（加拉太書5:6b）。

　　從人類的角度，要得到生命的恩典是需要「求神的國與神的義」（馬太6:33a）。「求神的國」是回家成為神的國民，就是落實為神的殿，與神同在，是「生命目的」的層面；「求神的義」是悔改，去偏入正使生命的德性與神的義相容，作決定合乎神的心意，與神同德，是「生命品質」的層面。這其間，關鍵在於我們願意與聖靈互動。

生活的恩典：這是神對於人類生活的需要所賜下的恩典，是次要的恩典，是紅利，是「這些東西都要加給你們了」（馬太6:33b）。我們不要本末倒置，有悔沒改，只是帶罪回家而偏心不改，讓神住在外殿，只為生活的事項來信耶穌。

圖12D-6　正確的敬拜：內外兩全

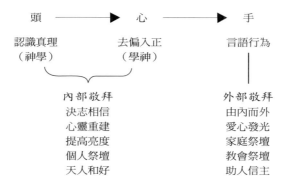

我們敬拜神，要從「頭」而「心」而「手」，不能從「頭」直接切到「手」，因為神學與學神是「洗心」的層面，言語行為是「外顯」的層面。我們要避免"只洗一半"（只有知識）就要"拋頭露面"，而是要神學與學神同步進行，這樣就可以生命成長到哪裡，行為就流露到哪裡。（參7C註8、圖8C-2、9C註5、圖10C-4）

圖12D-7　信仰三問與生命的路

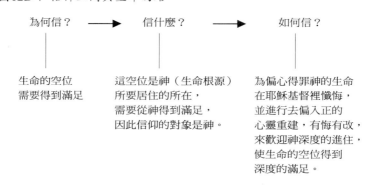

　　　走上「生命的路」就是要從神得到生命空位的滿足，來得到平安喜樂與永恆的歸宿，這是信仰的答案。

圖12D-8　基督信仰與人間學問的區別

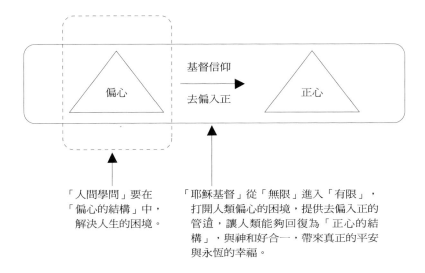

「人間學問」要在
「偏心的結構」中，
解決人生的困境。

「耶穌基督」從「無限」進入「有限」，
打開人類偏心的困境，提供去偏入正的
管道，讓人類能夠回復為「正心的結
構」，與神和好合一，帶來真正的平安
與永恆的幸福。

　　古時候有一個人患了嚴重的失憶症，家人非常著急，到
處延請大夫前來醫治，然而都不能見效。他的妻子更發出求救
函，說若有人能夠醫好她先生的病，她願意拿出一半家產做為
答謝。不久有位大夫上門，自稱能夠醫治她先生的病。

　　大夫在治療之前，需先診斷病情。首先，大夫把病患帶
到庭院中，讓他吹風受寒，看他是否記得主動索取衣服。接
著不給他食物，讓他饑餓，看他是否記得主動索取食物。最
後，把他關在黑暗的房間裏，看他是否記得主動索光。

　　經過這一系列的試驗之後，病患都記得要索衣、索食、
索光。大夫高興地說：「這下子可以醫治了，但醫治的方
法是祖傳秘方，不能告訴你們。讓我單獨與他在一個房間七

天，我便能夠醫好他的病。」家屬同意了。

七天之後，大夫果然醫好病患的病。

沒想到，病患醫好出來之後，不但沒有高興與家人團聚，反而拿起兵器驅趕大夫，並且休妻罰子，以及放聲大哭，說：「我失憶的時候，活在虛無縹緲之間，無憂無慮，像是住在雲端逍遙的神仙，多快活啊！如今醫好，想起人生的存亡得失，想起人與人之間的愛恨情仇，想起前途的千頭萬緒，真是苦啊。什麼都忘記該有多好！」[3]

古人說：「人生不過百，常懷千歲憂」。我們既然已經來到人間，怎能不走人生的道路。但要怎麼走？很多人認為如果含著「金湯匙」出生該有多好！因為人生的路實在不好走，甚至走不下去。然而，含著金湯匙出生，雖然比較好過，也只是生活的層面，何況並不保證這隻金湯匙能夠一直保有。並且，不論能不能保有，在生命方面都是空心偏心的生命。就空心來說，雖然活在熱鬧的人群當中，還是孤單的靈魂，空虛寂寞而感嘆「誰與共孤光？[4]」；就偏心來說，家家有本難唸的經，都有傷害，有金湯匙也不能免疫，依然是「人生長恨水長東！[5]」

還好，神愛世人，為人類提供了一條生命的出路，讓我們能夠卸下「常懷千歲憂」的重擔。我們不必裝瘋賣傻，不必裝失憶，也不必像鴕鳥一樣把頭埋在沙堆裡，任憑命運把我們帶往萬劫不復之地；就是與撒旦及其鬼靈群永遠為伍，繼續承受偏心的傷害以及空心的孤單。人類的處境，就如身體有病，不能諱疾忌醫；屋頂漏水，不能放任不管。「命」

是生命，「運」是生活，在耶穌裡我們
能夠「改命轉運」，不必繼續留在
「三聲無奈」的困境裡面。人生
能夠有出路，能夠立命於神，
能夠以平安喜樂的生命來過世
上的日子，將來並以歡喜赴
約的心情，來迎接如飛而
去的那一天，與神團圓。
如此，生命有價值、有平
安；生活有力量、能自在。這才是
人生真正的幸福。

　　這麼說來，什麼時候才是走上
生命路最好的時刻？答案是愈早愈好，能盡早上路，就能及
早蒙福。因此，現在就是最好的時刻，現在就可以開始進行
心禱，在耶穌裡透過聖靈的幫助，與神建立深度的關係。重
點是愈晚愈不好，因為「道可頓悟，命要漸修」，沒有人知
道自己還會活多久。我們不要與神只建立外殿的關係；心靈
的重建需要時間，何不早點開始。我們的人生可以不再是年
紀愈大，春聲愈遠，愈覺孤單無助。我們可以早日走上生命
的路，有神為伴。

　　意志是人性的首腦，意志在作決定帶領我們往前走。我
們這個生命要往哪裡走？殯儀館之後要到哪裡？是要繼續受
制於撒旦，最後一起滅亡？或是要回歸本家，與生命的根源
團圓？如果今年是我在人間最後的一年，我要如何預備見至
上神的面？

生命的原則是追求幸福。我們需要對生命做出正確的診斷，找到正確的出路，才能往標竿直跑，把握幸福。

正所謂：

> 「一個善跑的人，不是東奔西跑，
>
> 　　而是有起點有終點的觀念，知道跑向何處；
>
> 　一個智慧的人，不是人云亦云，
>
> 　　而是有整體的視野，選擇人生正確的方向。」

【思考問題】

☐ 在人生的旅途，要如何區別「玻璃珠」與「珍珠」？

☐ 人生要怎麼過、才不會是大夢一場？才不會「窮得只剩下帶不走的錢」？

☐ 人類為什麼需要耶穌？這與「性本善」「性本惡」有什麼關係？

---

1. 玻璃珠與珍珠，參7C註5。

2. 戰場兩邊進行，參6B註4。

3. 本故事編寫自《列子・周穆王》。

4. 見蘇東坡的宋詞「西江月」。

5. 見李煜的宋詞「相見歡」。

輔助資料

大同世界與小康世界

「禮記」引述孔子的話，描述大同世界與小康世界如下：

一、大同世界

「大道之行也，天下為公，選賢與能，講信脩睦。故人不獨親其親，不獨子其子；使老有所終，壯有所用，幼有所長；矜、寡、孤、獨、廢疾者皆有所養；男有分，女有歸。貨，惡其棄於地也，不必藏於己；力，惡其不出於身也，不必為己。是故謀閉而不興，盜竊亂賊而不作，故外戶而不閉。是謂大同。」

二、小康世界

「今大道既隱，天下為家，各親其親，各子其子，貨力為己。大人世及以為禮，城郭溝池以為固，禮義以為紀，以正君臣，以篤父子，以睦兄弟，以和夫婦，以設制度，以

立田里，以賢勇智，以功為己。故謀用是作，而兵由此起；
禹、湯、文、武、成王、周公由此其選也。此六君子者未有
不謹於禮者也。以著其義，以考其信，著有過，刑仁講讓，
示民有常；如有不由此者，在勢者去，眾以為殃。是謂小
康。」

三、大同世界：白話文

「大道如果能夠暢行，則天下本是大家所公有。此時選
舉賢明又有能力的人來為大家服務，說話守信用彼此和睦。
各人不只照顧自己的父母與撫養自己的子女，同時也照顧別
人的父母撫養別人的子女。讓老年的人都得到終養，壯年的
人都能發揮能力，年幼的人都能順利成長。喪妻的男人、喪
夫的女人、喪父的孩子、無子的老人、以及殘廢疾病的人，
都能得到良好的贍養。男人都有工作，女子都有歸宿。貨物
太多，不願丟棄在地上不用，不必為自己藏聚；力量有餘，
厭惡沒有發揮之處，不必為自己才發揮。於是陰謀不會興
起，強盜偷竊作亂造反無法發生，家家戶戶的大門不用關
閉。這樣的社會叫做大同世界。」

四、小康世界：白話文

「而今大道既然隱沒不見，天下乃成為一家所私有。各
人只照顧自己的父母，只撫養自己的子女，所有的貨物都為
自己積聚，所有的力量都為自己才發揮。上位者的子弟遵行
世代繼承的制度，才合乎禮。住處要建造城牆溝池來保護，
才堅固安全。要以禮義做為言行的綱紀，使君臣有正規，父

子有真情，兄弟能和睦，夫婦能和好。這是以禮義來設立的階級制度。此制度又規定田地住處界線的劃分，以武勇和智謀的人為才俊，大家為自己建立功業。陰謀策略因而興起，軍事戰爭因而發生。夏禹、商湯、文王、武王、成王、周公都是這方面傑出的人選。這六位君子沒有一個不遵行合乎階級規矩的禮義制度。他們用人民是否遵行此制度來判斷是非，來考驗人心是否可以信任，來指明人的過錯，來做為仁愛與謙讓的標準，讓人民有個遵守的常規。如果不這麼做，人就會造反，上位的人會被推翻，又要戰爭動亂直到有人奪得大位罩得住大局，才能平息下來，眾人都認為這是災殃。以此階級制度來維持家天下，防止社會的動亂，叫做小康世界。」

五、小康世界是「性本惡」的世界

「大道」是大學之道，是達致大同世界之道。禮記中說「大學之道，在明明德，在親民，在止於至善……。」同時又提出一套落實大同世界的方法，就是格物、致知、誠意、正心、修身、齊家、治國、平天下。這是以「正心」為核心的大同世界之道，來發揚（明）光明（明）的德性（德），來親愛人民，達到至善的境界。

大家如果切實遵行這套「大學之道」，以正心來作決定，走正心的路，則天下屬於大家所公有，不必有國界。此時彼此相親相愛，守望相助，這是性本善的大同世界，是「大道之行也」的光景。然而現實的世界是「大道既隱」，是正心隱沒，偏心當家的小康世界。大家不是以正心來作決

212

定，而是以自我為中心的偏心意志來作決定，走在偏心的道路。這時大家生活在一起，需要以「禮」以「兵」來規範與取得政權。「禮」就是法律制度（周朝是封建宗法制度），就是規定君臣、父子、兄弟、夫婦、百官、以及庶民的行為準則。「兵」就是要以謀略與武力來統一天下，當上霸主。當孔子描述小康世界的時候，這些霸主以夏禹、商湯、文王、武王、成王、周公等人為代表。世界會變成這個樣子，因為人心敗壞為以偏心的意志來作決定，使大同世界只能當做畫在牆上的餅[1]。偏心的人類如果沒有霸主罩得住大局，規範在一個「稍為安康」的局面，則大家爭王，天下大亂，戰火連連，人民流離失所，對大眾則是災殃。

因此，儒家主張帝王以「禮」來規範治國，來維持小康的局面。天子、諸侯、卿、大夫、士、以及庶民，大家都依照其階級身份來行為，非「禮」勿視、非「禮」勿聽、非「禮」勿言、非「禮」勿行[2]。這樣就天下太平。雖然儒家不滿意帝王對於天下的一家獨霸，但兩害相權取其輕，總比戰亂弄得百姓妻離子散來得好。小康世界是偏心意志下的產物。證諸歷史，東方西方皆然。安定時都是「帝王」霸天下的小康局面，不然就是「群雄」爭天下的動亂局面。今日很多國家都已推翻專制獨裁政權，以民主的三權分立來取代。

因此，政治制度主要有兩種，一是專制獨裁，一是民主法治，但都是偏心意志的產物。專制獨裁是偏心意志的產物，因為獨裁者獨霸天下，發揮其「以自我為中心」的本性。民主法治是偏心意志的產物，因為要將「以自我為中心」的本性加以約束，讓大家有個制衡的機制，能夠和平共

存；不要為了爭奪政權而動亂流血，並避免有人獨攬大權，變成專制獨裁，欺壓百姓。

蓋政治是治理眾人的事。而要治理眾人的事就必須有人來執行，執行時必須有遊戲規則，發生糾紛時必須有人來仲裁。這就是行政、立法、司法三項政治的權力。獨裁者就是將這三項權力獨攬一身，由他來指揮執行，他說的就是法律，有糾紛時他說誰錯就誰錯，說誰該殺頭就殺頭，所以說「伴君如伴虎」。因此在專制體制下的法治，是獨裁者立法來治理別人的工具，是「以法治你」，而法律對自己與圈內人卻不適用，或是「立法自肥」為自己與圈內人服務，說起來都是依法有據。這些都是出於偏心的意志。而民主法治的體制就是要將這三項權力，分由三個平行的機構負責，互相制衡，互相約束偏心的意志，避免獨裁，以免國家與社會的資源被少數人或特定團體所壟斷霸佔。

人類生命的深層是偏心的意志，是性本惡，利害衝突的時候，可以犧牲別人來愛自己。因此縱使是民主社會，還是需要有法律制度的規範，希望「以法治國」，法律之前人人平等；需要有公權力的強制，對內對外需要有法律、警察、法院、監獄、軍隊等等機制，來因應性本惡的人性，來維持民主型態的小康局面。

然而，由於性本惡，強者會欺負弱者而造成不平等，因此要以法律來保障人人平等。但法律以及法院等等機制還是會被人「先有立場再找理由」，鑽營使用為貪婪與不公的工具。對於這種偏心的人間，單有知識、理論、溝通技巧、或修剪惡行，還是不得其解，無法走向大同世界，因為沒有針

對性本惡的病灶來處理。人類只有在耶穌裡透過與聖靈的互動，進行「去偏入正，改變自己」的心靈重建，才能逐漸回復為性本善的生命，來與神建立和好合一的關係，走好生命永恆的路。

---

1. 關於大同世界的理想，西方也有個烏托邦（Utopia）的理想，是英國人莫爾（Thomas More）在1516年所著作的小說裡，描述一個理想國，是一個人人平等，幸福快樂的社會。莫爾把這個理想國叫 Utopia，這字是希臘文 ou 與 topos 所組成，英文是 no 與 place，即 no place，意思是一個不存在的地方。後世於是將烏托邦引為空想的代名詞。人類的理想是出於理性，但作決定的意志是偏心的意志，「人不為己、天誅地滅」，因此烏托邦的理想乃流於空想，跟大同世界一樣無法實現。

2. 封建宗法制度對於不同階級的人，都規定有各自行為的規範，以合乎「禮」。譬如規定上層階級穿的衣服，下層階級穿的衣服；譬如上對下的語言，下對上的語言；譬如上層階級去世時要用幾層棺，下層階級要用幾層棺等等。

三歸內容參考資料

　　生命三歸有「內在生命」的層面，也有「外在生活」的層面，有什樣的生命就表現出什麼樣的生活，這是由內而外的關係。茲歸納三歸相關的內涵如下：

圖 輔2-1　生命歸位（正心）

生存層面／生命歸位	生命（生命脈絡、神人關係）	生活（與人相處、人倫關係）
主從歸位	- 尊神：神是主我是從，尊神為大，謙卑降服於神 - 以神為中心：以神為本，依靠神追求幸福 - 以公正憐恤為作決定的基礎	- 心中有神、目中有人 - 有柔軟的心，願意與人溝通 - 謙卑、節制、和氣、耐性等等
價值歸位	- 義神：是神所是、非神所非，以神的價值為是非的標準 - 永恆價值觀：以神為終極的價值（上好的福份）來滿足生命的空位 - 生命的價值與喜樂來自於神的肯定，提高承受傷害的能力 - 與有限的事物保持適當的距離，役物而不役於物	- 是就說是、非就說非 - 有受教的心，願意尊重別人 - 行公義、肯定、鼓勵、道歉等等
愛心歸位	- 愛神：以成為正心愛的生命來愛神，回復為愛的發光體 - 正心的愛：以神為終極情愛的歸屬，並愛神所愛	- 因愛神而愛人，愛心發光 - 有慈悲的心，願意與人和諧 - 好憐憫、饒恕、接納、助人等等

圖 輔 2-2 生命錯位（偏心）

生存層面 生命錯位	生命 （生命脈絡、神人關係）	生活 （與人相處、人倫關係）
主從錯位	- 自大：自命為王， 　　　唯我獨尊 - 以自我為中心：以人為本，依靠人自己追求幸福 - 以利害為作決定的基礎	- 心中無神、目中無人 - 利害衝突時，犧牲別人 - 暴躁、憤怒、跋扈、欺負、攻擊等等
價值錯位	- 自義：自以為是，自以為好，以自己的價值為是非的標準 - 有限價值觀：以有限的事物為終極的價值（上好的福份）來滿足生命的空位 - 生命的價值與喜樂來自於人的肯定與有限事物的擁有 - 受役於物	- 自己都對、別人都錯 - 沉迷於有限事物的追求 - 指責、抱怨、冤枉、抹黑、找藉口合理化等等
愛心錯位	- 自私：私心貪婪， 　　　仇恨排斥 - 偏心的愛：以自己為終極情愛的歸屬，一切努力都是為了愛自己	- 貪心不足，愛己傷人 - 計較、冷漠、忌妒、護短、外遇等等

生命讀經範例

　　我們在第八章提到，心禱操練的讀經模式有兩種，一是「整本讀經」，一是「段落讀經」。

　　如果採「整本讀經」的模式來進行心禱，則本書各章已經為讀者摘要敘述整本聖經在「知識讀經」方面的關鍵內容，並以生命三歸來整合「生命讀經」的精華。因此讀者只要以「雙愛心禱光碟」（A段），配合「三歸心禱流程」（輔5）來進行心禱就可以。

　　如果採「段落讀經」的模式來進行心禱，則在進行「知識讀經」之後，需要進行「生命讀經」。「知識讀經」在於了解該段經文的背景與內容；「生命讀經」在於看出這段經文跟自己生命的關係，來預備本次心禱去偏入正的項目，主要有三個步驟如下：

　　1. 辨識「正心與偏心」的品質

　　　　從經文中辨識正心與偏心的生命品質，然後依照生命三歸來分類。換言之，要從這段經文看出我們要如何「去偏入正，改變自己」。這是從我們與神內部敬拜的關係來了解聖經，從生命的層面切入，以便進行心禱操練，提高發光體亮度。（參段落讀經：125-126頁）

　　2. 思考「本次歸位」的內涵

3. 寫出本次操練要「去偏入正」的項目

　　針對本次要操練的歸位，將步驟1與步驟2加以整合，並依據目前自己生命的光景，將本次心禱所要操練「去偏入正」的內容，包括生命的層面（發光體）以及生活的層面（發光），寫在靈修筆記，然後進行心禱。

　　我們在此以主從歸位、價值歸位、以及愛心歸位各舉一例，供讀者參考。

主從歸位

以「浪子的故事」（路加15:11-24）為例

一、知識讀經

　　這段經節是一個浪子回頭的故事。小兒子要離開家庭，走自己的路，要求父親將家產分割給他。結果是困頓潦倒，為人餵豬，饑餓寂寞，窮途末路。另從猶太人敬拜神的背景，豬是不潔淨之物（利未記11:7，以賽亞書65:4），浪子落魄到為人餵豬，更表示他生命得罪神（天）。這時他想起父家的豐富，要懺悔回家，但也知道以他的背逆，不再配得兒子的身份。然而父親是完全的赦免與接納，為他戴上代表家族身份的戒指，回復他兒子的身份，並因兒子的回頭而歡欣快樂。

　　主耶穌藉著這個故事來告訴我們生命要悔改回家，天父愛我們，正引頸以待。

219

二、生命讀經

步驟 1：辨識「正心與偏心」的品質

人物/經文	經文內容	正心/偏心	生命三歸
小兒子	15:12-13a 小兒子對父親說，父親，請你把我應得的家業分給我，他父親就把產業分給他們。過了不多幾日，小兒子就把他一切所有的，都收拾起來，往遠方去了…。 ＊自大、離家	偏心	主從錯位
小兒子	15:13b …在那裏任意放蕩，浪費貲財。 ＊揮霍浪費，蹧躂自然物，沒有好好珍惜「治理大地」。 （參創世記 1:26，路加 9:17 收拾零碎裝滿了十二籃）	偏心	愛心錯位
小兒子	15:14-20a …窮苦…醒悟過來…就說，…我要起來，到我父親那裏去，向他說，父親，我得罪了天，又得罪了你，從今以後，我不配稱為你的兒子，把我當作一個雇工罷。於是起來往他父親那裏去。 ＊謙卑認罪、回家	正心	主從歸位
父親	15:20b-24 相離還遠，他父親看見，就動了慈心，跑去抱著他…，把戒指戴在他指頭上…。 ＊動了慈心、饒恕接納	正心	愛心歸位

步驟 2：思考本次歸位的內涵

    1) 主從歸位：參7C與輔2，含生命與生活兩層面

    2) 主從錯位：參7C與輔2，含生命與生活兩層面

步驟 3：寫出本次操練「主從歸位」要去偏入正的項目

去偏的禱告
- 生命方面：「親愛的聖靈，我願意改變，祈求祢幫助我
  除去像浪子離家時高傲自大的生命。」
- 生活方面：「親愛的聖靈，祈求祢幫助我，在生活中
  尊祢為大，除去對人的暴躁憤怒，從家
  人做起。」

入正的禱告
- 生命方面：「親愛的聖靈，祈求祢幫助我學習像浪子
  回家時的謙卑，降服於祢。」
- 生活方面：「親愛的聖靈，祈求祢幫助我，在生活中尊
  祢為大，與人相處能夠有柔軟的心，願意
  謙卑與人溝通，從家人做起。」

價值歸位

以「馬大與馬利亞」的故事（路加10:38-42）為例

一、知識讀經

這段經節描述馬大家發生的一段故事。耶穌來到馬大與
馬利亞的家，向眾人講道，妹妹馬利亞把握機會坐在耶穌腳
前聽道，馬大卻在屋裡忙著準備生活的事項來接待客人。馬
大一個人忙碌，心懷不平，進前來打斷耶穌的講道，要耶穌
主持公道。

這裡有三項重點。第一、馬大失去把握上好福份的機會，就是沒有趁耶穌來到家裡，多聽耶穌講道。第二、馬大還是可以服事，譬如可以一面內心尊主為大，成全妹妹，一面愉快地服事，這是內敬外敬兩全，合神心意的生命，也把握到那上好的福份。第三、馬利亞把握上好的福份。雖然生命的路與生活的路我們都要走，神要我們看重生命高於生活（參7C註5）。

二、生命讀經

步驟 1：辨識「正心與偏心」的品質

人物/經文	經文內容	正心/偏心	生命三歸
馬大	10:38 他們走路的時候，耶穌進了一個村莊，有一個女人名叫馬大，接他到自己家裏。 ＊愛心接待	正心	愛心歸位
馬利亞	10:39 他有一個妹子名叫馬利亞，在耶穌腳前坐著聽他的道。 ＊以永恆的價值觀，把握機會選擇終極的價值（上好的福份）	正心	價值歸位
馬大	10:40 馬大伺候的事多，心裏忙亂，就進前來說，主阿，我的妹子留下我一個人伺候，你不在意麼，請吩咐他來幫助我。 ＊打斷耶穌的講道，沒有尊主為大	偏心	主從錯位
馬大	10:40 同上 ＊為了有限的事物（次要的價值）抱怨指責，自以為是	偏心	價值錯位
馬大	10:41 耶穌回答說，馬大、馬大，你為許多的事，思慮煩擾… ＊馬大的心只在有限的事物	偏心	價值錯位

馬利亞	10:42 但是不可少的只有一件，馬利亞已經選擇那上好的福份，是不能奪去的。 ＊馬利亞認清神是終極的價值（上好的福份），只有神才能終極滿足我們生命的空位，讓我們得到真正的幸福。	正心	價值歸位

步驟 2：思考本次歸位的內涵

　　1) 價值歸位：參7C與輔2，含生命與生活兩層面

　　2) 價值錯位：參7C與輔2，含生命與生活兩層面

步驟 3：寫出本次操練「價值歸位」要去偏入正的項目

去偏的禱告

　　·生命方面：「親愛的聖靈，我願意改變，祈求祢幫助我除去像馬大自以為是的生命。」

　　·生活方面：「親愛的聖靈，祈求祢幫助我，在生活中尊祢為大，除去指責抱怨，從家人做起。」

入正的禱告

　　·生命方面：「親愛的聖靈，祈求祢幫助我學習像馬利亞渴慕親近祢，以祢為上好的福份。」

　　·生活方面：「親愛的聖靈，祈求祢幫助我，在生活中尊祢為大，與人相處能夠給予肯定鼓勵，從家人做起。」

愛心歸位

以「香膏玉瓶」的故事（路加7:36-50）為例

一、知識讀經

這段經節敘述耶穌受邀到一個名叫西門的法利賽人家裡吃飯。西門沒有遵照該有的待客之道來接待耶穌，即沒有提供洗腳的水，也沒有擁抱迎接。這時有個女人出現，是個罪人。依照猶太人當時的背景，這女人可能是妓女。這女人以淚水為耶穌洗腳，親耶穌的腳，並用香膏抹耶穌的腳。從這兩個人的表現，可以看出西門對耶穌沒有什麼尊重，可能還在觀察耶穌是何許人物，但這女人對耶穌的敬愛是全心的投入。

這西門應該是害過痲瘋病，被耶穌治好的那位[1]，而這女人是住在伯大尼的馬利亞，弟弟就是耶穌使他從死裡復活的拉撒路[2]。西門可能覺得耶穌對他醫病的恩惠，只像免了五兩銀子的債，而馬利亞覺得耶穌對她的恩惠，像是免了五十兩銀子的債。其實，痲瘋病人在當時是被社會棄絕隔離、等死的人。西門與馬利亞一個是面臨社會性的死亡，一個是面臨弟弟生物體的死亡。

在這裡耶穌設比喻說明自覺所受的恩惠大、回應的愛就大，自覺所受的恩惠小、回應的愛就小的道理。從生命的層面，我們都是降服於撒旦、性本惡、在神的面前罪大惡極的生命。但每個人是否有此體會則有個別差異。我們需要深切體會「偏心的意志」是嚴重得罪神，令我們降服於撒旦，成為與神為敵的生命；要體會到空心的生命是孤魂，造成空虛孤單，是

人類最大的不幸；要體會到如果沒有耶穌拯救的浩大宏恩，我們生命的空位就沒有得到滿足的指望；我們才有足夠的動力來回應神的救恩，去偏入正，歡迎神的進住，愛神。

二、生命讀經

步驟 1：辨識「正心與偏心」的品質

人物/經文	經文內容	正心/偏心	生命三歸
香膏女人	7:36-38 有一個法利賽人，請耶穌和他吃飯⋯。那城裏有一個女人，是個罪人⋯，拿著盛香膏的玉瓶，站在耶穌背後，挨著他的腳哭，眼淚溼了耶穌的腳，就用自己的頭髮擦乾，又用嘴連連親他的腳，把香膏抹上。 ＊愛主耶穌	正心	愛心歸位
西門 (法利賽人)	7:39 請耶穌的法利賽人看見這事，心裏說，這人若是先知，必知道摸他的是誰，是個怎樣的女人，乃是個罪人。 ＊對這女人厭惡，排斥	偏心	愛心錯位
債主	7:40-43 耶穌對他說，西門⋯，一個債主，有兩個人欠他的債，一個欠五十兩銀子，一個欠五兩銀子，因為他們無力償還，債主就開恩免了他們兩個人的債。這兩個人那一個更愛他呢。西門回答說，我想是那多得恩免的人。耶穌說，你斷的不錯。 ＊債主免債	正心	愛心歸位
受恩者	7:40-43 同上 ＊受恩者感恩愛戴	正心	愛心歸位

香膏女人	7:44-47 …便對西門說，你看見這女人麼，我進了你的家，你沒有給我水洗腳，但這女人用眼淚溼了我的腳…。你沒有與我親嘴，但這女人…親我的腳。你沒有用油抹我的頭，但這女人用香膏抹我的腳。所以我告訴你，他許多的罪都赦免了，因為他的愛多，但那赦免少的，他的愛就少。 ＊愛主，是由內而外的流露	正心	愛心歸位
西門	7:44-47 同上 ＊沒有誠意請客 （沒有提供水，沒有擁抱迎接等等）	偏心	愛心錯位
經文	7:48 於是對那女人說，你的罪赦免了。 ＊神饒恕我們，我們要學習饒恕別人	正心	愛心歸位
同席的人	7:49 同席的人心裏說，這是甚麼人，竟赦免人的罪呢。 ＊不認識耶穌的身份與價值，把耶穌當作普通人。	偏心	價值錯位
香膏女人	7:50 耶穌對那女人說，你的信救了你，平平安安的回去罷。 ＊我們也需要學習香膏女人的信心。愛心是信心的衡量。愛心大信心就大，愛心小信心就小。[3]	正心	愛心歸位

步驟 2：思考本次歸位的內涵

　　　　1) 愛心歸位：參7C與輔2，含生命與生活兩層面

　　　　2) 愛心錯位：參7C與輔2，含生命與生活兩層面

226

步驟 3：寫出本次操練「愛心歸位」要去偏入正的項目

去偏的禱告

　　・生命方面：「親愛的聖靈，我願意改變，祈求祢幫助
　　　　　　　　我除去像西門那樣感恩與愛心不夠，沒
　　　　　　　　有誠意迎接祢。」

　　・生活方面：「親愛的聖靈，祈求祢幫助我，在生活中
　　　　　　　　尊祢為大，除去對人的厭惡排斥，從家
　　　　　　　　人做起。」

入正的禱告

　　・生命方面：「親愛的聖靈，對於祢的救恩與眷佑，祈
　　　　　　　　求祢幫助我能夠像香膏女人那樣感恩愛
　　　　　　　　祢。」

　　・生活方面：「親愛的聖靈，祈求祢幫助我，在生活中
　　　　　　　　尊祢為大，與人相處能夠饒恕接納，從
　　　　　　　　家人做起。」

---

1. 馬可 14:3-9。

2. 路加 10:38-42，約翰 12:1-3。

3. 信心是全方位的，包括主從歸位、價值歸位、與愛心歸位。生命愈歸位，則信心愈
　大。參 7C 註 3

輔助資料四

靈命進程

在進行心禱的時候，就「歸位」的禱告，我們要檢討合神心意的程度有多少，是有悔沒改、有悔漸改、有悔多改、或是有悔全改？就「歸心」的禱告，我們要檢討自己現在與神合一的關係，是外殿的關係、內殿的關係、聖所的關係、或是至聖所的關係？圖輔4-1是要幫助自己檢討的量表，祈求神幫助我們誠心在神的面前，進行內在的察覺與信仰的反省。

當我們的心靈逐漸重建，生命的品質愈來愈合神的心意，生命的空位愈得神的滿足，與神的關係就愈親密。這是歸心向神，並去偏入正回復為神兒女的氣質，來落實為「正心神殿」的生命。

此時，生命的價值就愈是來自於神的肯定，承受傷害的能力就逐漸提高，能夠面對傷害，受傷的時間逐漸縮短。此時患得患失漸少，平靜安穩漸多，體驗神的同在愈多，不安空虛愈少，以至於不再孤單，得到生命深層的平安，並能預備好見神的面。同時，愈是安穩在神的手中，放心依靠，喜樂愈多，愈是開朗祥和。

圖 輔4-1 靈命的進程

與神和好 合一 靈命的 進程	天人和好			天人合一	
	主從歸位	價值歸位	愛心歸位	歸心 （歸心向神）	
有悔沒改	自大高傲 唯我獨尊	自義偏見 自以為是	自私貪婪 仇恨排斥	只為生活禱告 沒為生命禱告	外殿
有悔漸改	感恩謙卑、 願意改變。 心中有神、 目中有人。 （漸多）	偏心言行 漸少 正心言行 漸多	饒恕接納 成為別人 的鄰舍 （漸多）	每天心禱，並 事事禱告請益 （報告、請示、 祈求、感恩、 讚美）	內殿
有悔多改	看別人比 自己強 （漸多）	是神所是 非神所非 不役於物 （漸多）	先求別人 的益處 （漸多）	心中無邪 放心交托	聖所
有悔全改	不照我的 意思 乃照祢的 意思	完全 手潔心清	完全 愛神愛人	與神完全對焦 完全透明	至聖所

三歸心禱流程

（光碟Ａ段書面說明）

「三歸心禱」乃依據「整本讀經」的模式，以「生命三歸」的架構來進行的心禱操練。每次操練一項歸位，輪流操練。操練時，隨著「雙愛心禱光碟」（Ａ段）來進行。

三歸心禱的內容如下：

1. 恭敬預備心
2. 開始的禱告
3. 歸位禱告：為「生命品質」的禱告，
　　　　　　去偏入正，天人和好
4. 歸心禱告：為「生命目的」的禱告，
　　　　　　落實神殿，天人合一
5. 結束的禱告
6. 恭敬結束

心禱操練的「歸位」禱告，乃就主從（意志）、價值（理性）、愛心（感性）三個向度來進行。由於每項歸位的內容不同，因此需要分開來操練。但「歸心」的禱告以及其餘部分，則不論操練哪一項歸位，皆為相同。因此本說明以「主從歸位」的操練為例；至於「價值歸位」與「愛心歸位」的操練，只要在心禱的流程帶入各該歸位的內容就可。

一、主從歸位

1. 恭敬預備心

步驟一「姿勢」：姿勢坐好，做出對神恭敬、端正、敬畏的姿勢。雙手放在腿上，手掌向上，右手代表感恩，左手代表謙卑。（如果身體狀況無法採坐姿，則依健康狀況做出對神恭敬的姿勢。）

步驟二「放鬆」：身體放鬆、安靜、自然。全身放輕鬆，從頭頂開始⋯⋯（停頓3秒鐘），然後臉部、頸部、肩膀、大腿、小腿、腳底。全身放輕鬆，動一動，姿勢坐好。（停頓10秒鐘）

步驟三「對焦」：生命與神對焦，存感恩與單純的信心，思念神的救恩（參圖12D-4、圖12D-5）。從內心安靜、默默重複呼叫「親愛的父神，我來親近祢。⋯⋯」

（約1分鐘，或以手指幫助數算20次，重點是使生命安靜下來，意念專注在神的身上，與神對焦）。

2. 開始的禱告

「親愛的父神，因為祢在主耶穌裡的恩典，使我能夠親近祢，我感謝祢。祈求祢的靈在我的心中運行，幫助我改變，使我的生命越來越合乎祢的心意，與祢越來越和好合一。」

（安靜約5秒鐘。）

安靜重複向神禱告：

「親愛的父神，感謝祢愛我。……」（約20秒鐘）

3. 歸位禱告
為「生命品質」的禱告，去偏入正，天人和好

接下來，進入「歸位的禱告」，就是為生命的品質「去偏入正」的禱告。這是以正心來建造神的殿，與神和好，歡迎神的進住。此時我們檢討自己的生命，看目前合神心意的程度有多少？

是「有悔沒改」：自大高傲，唯我獨尊；

或是「有悔漸改」：感恩謙卑，願意改變；

　　　　　　　　　心中有神，目中有人；

或是「有悔多改」：看別人比自己強；

或是「有悔全改」？

（安靜思考約40秒鐘）（參輔4）

接下來，我們分「去偏」與「入正」兩個階段，安靜禱告。

1) 去偏的禱告

　・生命方面：「親愛的聖靈，我願意改變，祈求
　　　　　　　祢幫助我，除去我高傲自大的生
　　　　　　　命。」（約25秒鐘）

　・生活方面：「親愛的聖靈，祈求祢幫助我，在

生活中尊祢為大，除去對人的暴
躁憤怒，從家人做起。」
（約25秒鐘）

2) 入正的禱告

・生命方面：「親愛的父神，祢是生命的源頭，
是我永恆的歸宿，祈求祢幫助我
謙卑降服於祢。」
（約25秒鐘）

・生活方面：「親愛的聖靈，祈求祢幫助我，在
生活中尊祢為大，與人相處能夠
謙卑柔和，從家人做起。」[1]
（約25秒鐘）

---

4. 歸心禱告
為「生命目的」的禱告，落實神殿，天人合一

接下來進行「歸心的禱告」，這是為生命的目的，
落實為神的殿，與神合一的禱告。此時先思考與檢驗自
己目前與神合一的關係。

是「外殿」的關係：只有生活的禱告；

或是「內殿」的關係：每天心禱，

並且事事向神禱告請益；

或是「聖所」的關係：心中無邪，放心交托；

或是「至聖所」的關係？

（安靜思考約40秒鐘）（參輔4）

我們內心安靜重複向神禱告：
- ・「親愛的父神，祈求祢進入我的心，來滿足我生命的空位。」（約20秒鐘）
- ・「親愛的父神，我以『去偏入正、改變自己』來歡迎祢。」（約20秒鐘）
- ・「親愛的父神，我的心切慕祢。」（約20秒鐘）
- ・然後完全安靜，安息在神的懷裏。這時存感恩謙卑的心，意念守住神，生命感受神，與神對晤，享受神的同在。（約1分鐘）

5. 結束的禱告

「親愛的父神，在主耶穌裡再一次感謝祢讓我安靜在祢的面前，來檢驗我的生命，察驗我跟祢和好合一的關係。

感謝祢以三位一體奇妙的作為，親自為我開路，在主耶穌裡願意回到我生命的空位，並差遣聖靈感動我，幫助我去偏入正，來與祢建立深度的關係。

感謝祢讓我能夠安靜在祢的面前，享受祢的同在。祈求祢的靈繼續在我的心中運行，帶領我往前走，使我越走與祢越親近，越親密。

同時，感謝祢教導我（們）禱告這樣說：我們在天上的父，願人都尊祢的名為聖。願祢的國降臨。願祢的旨意行在地上，如同行在天上。我們日用的飲食，今日賜給我們。免我們的債，如同我們免了人的債。不叫我

們遇見試探，救我們脫離兇惡。因為國度、權柄、榮耀、
全是祢的，直到永遠。阿們。」

　　（安靜約5秒鐘）

6. 恭敬結束

　　內心安靜向神說：

　　「主耶穌，我的主我的神，我謙卑降服於祢；

　　　主耶穌，祢是我上好的福份，我感謝祢；

　　　主耶穌，我的心緊緊跟隨祢，我愛祢；

　　　　　感謝祢愛我。」

　　（安靜約5秒鐘）

　　安靜自由結束禱告。

　　此時音樂繼續1分鐘，可以向神做如下的禱告：

　a. 摘要本次歸位「去偏入正」的重點，祈求聖靈幫助。

　b. 向神說：「主耶穌，感謝祢對我的救恩與眷佑，

　　　　　　　我讚美祢。祈求祢增進我的信心。」

　c. 為生活的事項禱告。

二、價值歸位

接下來，進入「歸位的禱告」，就是為生命的品質「去偏入正」的禱告。這是以正心來建造神的殿，與神和好，歡迎神的進住。此時我們檢討自己的生命，看目前合神心意的程度有多少？

是「有悔沒改」：自義偏見，自以為是；

或是「有悔漸改」：偏心負面的言行漸少，
正心正面的言行漸多；

或是「有悔多改」：是神所是，非神所非，
不役於物；

或是「有悔全改」？

（安靜思考約40秒鐘）（參輔4）

接下來，我們分「去偏」與「入正」兩個階段，安靜禱告。

1) 去偏的禱告
・生命方面：「親愛的聖靈，我願意改變，祈求祢幫助我，除去我自義、自以為是的生命。」（約25秒鐘）
・生活方面：「親愛的聖靈，祈求祢幫助我，在生活中尊祢為大，除去對人的指責抱怨，從家人做起。」（約25秒鐘）

2) 入正的禱告

· 生命方面:「親愛的父神,祢是價值的源頭,是我
上好的福份。祈求祢幫助我,以祢的
是非為是非,立命於祢。」(約25秒
鐘)

· 生活方面:「親愛的聖靈,祈求祢幫助我,在生活
中尊祢為大,與人相處願意肯定鼓
勵,與人衝突時能先反省自己,從家
人做起。」(約25秒鐘)

三、 愛心歸位

接下來,進入「歸位的禱告」,就是為生命的品質
「去偏入正」的禱告。這是以正心來建造神的殿,與神
和好,歡迎神的進住。此時我們檢討自己的生命,看目
前合神心意的程度有多少?

是「有悔沒改」:自私貪婪,仇恨排斥;

或是「有悔漸改」:饒恕接納,成為別人的鄰舍[2];

或是「有悔多改」:先求別人的益處;

或是「有悔全改」?

(安靜思考約40秒鐘)(參輔4)

接下來,我們分「去偏」與「入正」兩個階段,安
靜禱告。

1) 去偏的禱告
   · 生命方面：「親愛的聖靈，我願意改變，祈求祢
              幫助我、除去我自私貪婪仇恨的生
              命。」（約25秒鐘）
   · 生活方面：「親愛的聖靈，祈求祢幫助我，在生活
              中尊祢為大，除去對人的計較冷漠，
              從家人做起。」（約25秒鐘）
2) 入正的禱告
   · 生命方面：「親愛的父神，祢是慈愛的源頭，感謝
              祢愛我。祈求祢幫助我、成為正心愛
              的生命來愛祢。」（約25秒鐘）
   · 生活方面：「親愛的聖靈，祈求祢幫助我，在生活
              中尊祢為大，與人相處願意饒恕接
              納，從家人做起。」（約25秒鐘）

1. 謙卑與自信沒有衝突。以親子為例，兒子謙卑尊父母為大，孝順父母，並不影響兒子
   有自信地讀書、交友、工作、開創事業。

2. 當一個律法師來問耶穌要如何才能得到永生的時候（得到永生就是得到神的內住，天
   人合一），耶穌回答說，要盡心盡性盡意盡力愛神，並且要愛鄰（人）如己。當律法
   師進一步追問誰是鄰人的時候，耶穌以好的撒瑪利亞人的故事來闡明「愛鄰（人）如
   己」的內涵（馬可12:30、路加10:25-37）。耶穌說完故事之後，反問律法師誰是落在
   強盜手中的鄰舍呢？是祭司呢、利未人呢、或是撒瑪利亞人呢？律法師回答說，是憐
   憫受難者的撒瑪利亞人。耶穌說，對，你去照樣行吧。在這裏，耶穌要那律法師決定
   成為別人的鄰舍，就如撒瑪利亞人決定成為落難者的鄰舍。

輔助資料六

經文心禱流程
（可播光碟 B 段音樂）

　　「經文心禱」是以「段落讀經」的模式來進行的心禱操練（參第八章）。進行經文心禱之前，先選擇一段經文來進行「知識讀經」以及「生命讀經」（參輔3），然後進行心禱，內容如下。操練時可以播放「雙愛心禱光碟」（B段音樂）來協助進行。[1]

1. 恭敬預備心
2. 開始的禱告
3. 經文默想：回家地圖，信仰反省
4. 歸位禱告：為「生命品質」的禱告，
　　　　　　去偏入正，天人和好
5. 歸心禱告：為「生命目的」的禱告，
　　　　　　落實神殿，天人合一
6. 結束的禱告
7. 恭敬結束

（開始播放音樂）

步驟一「姿勢」：姿勢坐好，以愛神的心情，做出對神
　　　　　　　　恭敬端正的姿勢。雙手放在腿上，手
　　　　　　　　掌向上，右手代表感恩，左手代表謙
　　　　　　　　卑。（如果身體狀況無法採坐姿，則
　　　　　　　　依健康狀況做出對神恭敬的姿勢。）

步驟二「放鬆」：身體放鬆、安靜、自然。全身放輕
　　　　　　　　鬆，從頭頂開始，然後臉部、頸部、
　　　　　　　　肩膀、大腿、小腿、腳底。全身放輕
　　　　　　　　鬆，動一動，姿勢坐好。（安靜約20
　　　　　　　　秒鐘）

步驟三「對焦」：生命與神對焦，存感恩與單純的信
　　　　　　　　心，思念神的救恩（參圖12D-4、圖
　　　　　　　　12D-5），從內心安靜、默默重複呼叫
　　　　　　　　「親愛的父神，我來親近祢。……」
　　　　　　　　　（慢慢呼叫約1分鐘，不出聲，或
　　　　　　　　　以手指幫助數算20次。重點是使
　　　　　　　　　生命安靜下來，意念專注在神身
　　　　　　　　　上，與神對焦。）

2. 開始的禱告

「親愛的父神,因為祢在主耶穌裡的恩典,使我能夠親近祢,我感謝祢。祈求祢的靈在我的心中運行,幫助我改變,使我的生命越來越合乎祢的心意,與祢越來越和好合一。」

(安靜約5秒鐘)

安靜重複向神說:
「親愛的父神,感謝祢愛我。……」(9次)[2]。

3. 經文默想:回家地圖,信仰反省

接下來,進行思想神的話語的禱告。聖經是神的話語,是指引我們回天家的地圖。我們進入經文的場景(心禱前研讀的經文),觀看當時發生的情形,思考經文中「正心與偏心」的品質,來對自己進行信仰的反省與內在的察覺。(思考約1分鐘)

（接下來，進入主從歸位、價值歸位、以及愛心歸位的禱告，每天輪流操練一項歸位。）

4. 歸位禱告
為「生命品質」的禱告，去偏入正，天人和好

進入「歸位的禱告」，就是為生命的品質「去偏入正」的禱告。這是以正心來建造神的殿，與神和好，歡迎神的進住。

此時我們檢討自己的生命，看目前合神心意的程度有多少？

主從歸位

是「有悔沒改」：自大高傲，唯我獨尊；

或是「有悔漸改」：感恩謙卑，願意改變；

　　　　　　　　　心中有神，目中有人；

或是「有悔多改」：看別人比自己強；

或是「有悔全改」？

（安靜反省約1分鐘）（參輔4）

或

242

價值歸位

　　是「有悔沒改」：自義偏見，自以為是；

　　或是「有悔漸改」：偏心負面的言行漸少，

　　　　　　　　　　　　正心正面的言行漸多；

　　或是「有悔多改」：是神所是，非神所非，

　　　　　　　　　　　　不役於物；

　　或是「有悔全改」？

　　（安靜反省約1分鐘）（參輔4）

或

愛心歸位

　　是「有悔沒改」：自私貪婪，仇恨排斥；

　　或是「有悔漸改」：饒恕接納，成為別人的鄰舍；

　　或是「有悔多改」：先求別人的益處；

　　或是「有悔全改」？

　　（安靜反省約1分鐘）（參輔4）

接下來，依照心禱前「生命讀經」所整理出來「去偏入正」的項目來禱告，分「去偏」與「入正」兩個階段，以及「生命」與「生活[3]」兩方面，安靜誠心來禱告。（參輔3）

1) 去偏的禱告
  · 生命方面：「親愛的聖靈，我願意改變，祈求祢幫助我……。」
  　　　　　　（約1分鐘）
  · 生活方面：「親愛的聖靈，祈求祢幫助我……。」
  　　　　　　（約1分鐘）

2) 入正的禱告
  · 生命方面：「親愛的聖靈，祈求祢幫助我……。」
  　　　　　　（約1分鐘）
  · 生活方面：「親愛的聖靈，祈求祢幫助我……。」
  　　　　　　（約1分鐘）

5. 歸心禱告
為「生命目的」的禱告，落實神殿，天人合一

接下來進行「歸心的禱告」，這是為生命的目的，落實為神的殿，與神合一的禱告。此時先思考與檢驗自

己目前與神合一的關係。

是「外殿」的關係：只有生活的禱告；

或是「內殿」的關係：每天心禱，

並且事事向神禱告請益；

或是「聖所」的關係：心中無邪，放心交托；

或是「至聖所」的關係？

（安靜反省約1分鐘）（參輔4）

然後內心安靜重複向神說：

- 「親愛的父神，祈求祢進入我的心，來滿足我生命的空位。」（9次）[4]
- 「親愛的父神，我以『去偏入正、改變自己』來歡迎祢。」（9次）[5]
- 「親愛的父神，我的心切慕祢。」（9次）[6]
- 然後完全安靜，安息在神的懷裏。這時存感恩謙卑的心，意念守住神，生命感受神，與神對晤，享受神的同在。（1分鐘或更久）

6. 結束的禱告

「親愛的父神，在主耶穌裡再一次感謝祢讓我安靜在祢的面前，來檢驗我的生命，察驗我跟祢和好合一的關係。

感謝祢以三位一體奇妙的作為，親自為我開路，在主耶穌裡願意回到我生命的空位，並差遣聖靈感動我，

幫助我去偏入正，來與祢建立深度的關係。

感謝祢讓我能夠安靜在祢的面前，享受祢的同在。祈求祢的靈繼續在我的心中運行，帶領我往前走，使我越走與祢越親近，越親密。

同時，感謝祢教導我（們）禱告這樣說：我們在天上的父，願人都尊祢的名為聖。願祢的國降臨。願祢的旨意行在地上，如同行在天上。我們日用的飲食，今日賜給我們。免我們的債，如同我們免了人的債。不叫我們遇見試探，救我們脫離兇惡。因為國度、權柄、榮耀、全是祢的，直到永遠。阿們。」

（安靜約5秒鐘）

7. 恭敬結束

內心安靜向神說：

「主耶穌，我的主我的神，我謙卑降服於祢；

主耶穌，祢是我上好的福份，我感謝祢；

主耶穌，我的心緊緊跟隨祢，我愛祢；

感謝祢愛我。」

（安靜約5秒鐘）

安靜自由結束禱告。

此時音樂繼續1分鐘或更久，可以向神做如下的禱告：

a. 摘要本次歸位「去偏入正」的重點，祈求聖靈幫助。

b. 向神說：「主耶穌，感謝祢對我的救恩與眷佑，
　　　　　　我讚美祢。祈求祢增進我的信心。」

c. 為生活的事項禱告。

---

1. 音樂是要幫助我們在心禱時能安靜下來，但不一定要有。因此選用音樂時，要選用能幫助自己禱告時的安靜與專注。如果會影響安靜或會讓我們分心，則不適合。

　　本書附送心禱光碟B段的音樂長約10分鐘，若要更長，可設定重複播放。

2. 慢慢重複9次，每3次安靜5秒鐘，安靜時意念專注於神，與神對焦。

3. 在生活方面，我們省察生活中跟人實際的相處與互動，檢討自己與人有沒有什麼磨擦與矛盾，將目前自己生命需要去偏入正的項目，祈求聖靈幫助，好讓自己可以活出正心的生命，從家人做起。

　　此時可以將家人的影像，一一帶入禱告裡面，在神的面前省察自己跟他們的關係。這樣做不是要檢討對方應該如何改變，而是針對自己要如何改變來反省與禱告，讓自己成為合神心意的生命，與神和好，並在言行上，做為神正心的出口。接著，以同樣的方法，省察自己跟職場工作同仁的關係，跟教會弟兄姐妹的關係，跟親朋好友以及其他人的關係。如果時間有限，則針對有磨擦過節的人，優先帶入心禱之中。譬如對於得罪我們的人，把他帶入心禱裡面，向他說：「『某某某』，因為主耶穌的緣故，我饒恕你。」，並向神說：「親愛的聖靈，祈求祢幫助我能夠饒恕。」 或是自己得罪人，則向神禱告：「親愛的聖靈，祈求祢饒恕我，幫助我與『某某某』和好，並且不要再犯。」

4. 同上註2。

5. 同上註2。

6. 同上註2。

圖表目錄

跋

　　為什麼寫「窮得只剩下錢」這本書？因為人生「生命」「生活」兩條路都要走，但很多人只走「生活的路」，或是走上「生命的路」卻停在起跑線上，非常可惜。

　　我們以作決定來走人生的路，「生活的路」要作生活的決定，來把握有限層次的事物，「生命的路」要作生命的決定，來把握生命的根源（至上神），也就是幸福的源頭。本書乃就生命方面來闡述，希望大家除了生活之路，也能走好生命之路。這是本書要傳達的第一項信息。

　　其實作者的前書「知行不合一」就是在闡述生命的主題，內容較多，約七百頁。雖然讀過的人有很好的收獲，但七百頁的厚度，卻也嚇到許多現代忙碌的人，因此一直有反應要求寫一本簡易的版本，這是本書問世的原因。然而，如果看完本書之後，覺得需要更進一步探索生命的課題，「知行不合一」還是值得閱讀，收獲當會更多。

　　有人問我為什麼會走上生命的路，這說來話長，但在此簡單敘述。我出生於一九四四年，父親是牧師，在我還不知道自己的存在時，就被抱去幼洗，從小就這樣在教會長大。看來我是理所當然的基督徒，我也自認是基督徒。這樣相安無事，直到大學三年級的暑期，接受預備軍官的基本軍事訓練。

　　軍事訓練非常辛苦，常常出操、擦槍、除草，晚上還

要上課，可以說整天沒有什麼休息的時間。大家期待的就是星期天的休假外出。外出時有的跟女朋友約會，有的看電影或其他娛樂，有的離家較近可以回家。而我呢？當然是到台中的教會做禮拜。十點鐘開始，結束後吃個飯，也都一點多了，還要趕車回營，不能做什麼，只有逛逛書店，草草歸營。幾週後，越想越覺得吃虧。如果沒有神，那該有多好。但是，自小從父母聽到一些體驗與見證，知道有這麼一位神在眷佑，如果不信，不也吃虧大了。於是陷入「信」與「不信」的掙扎。這期間星期天仍然去教會，偶爾也會沒去，就這樣不情願地蹉跎到訓練結束。

回到學校是大學最後一年，計劃報考研究所，需要時間準備。到了星期天想到要去教會，覺得寶貴的時間就這樣沒了，非常可惜。如果沒有神，就更有時間來準備考試。於是又左思右想，覺得神既然看不到摸不到，乾脆不信算了，不要浪費時間，於是就不到教會崇拜了。

然而有時又會想到如果有神，那不是很吃虧？於是偶爾就去做做禮拜，但是到底有沒有神以及要不要相信卻成為內心不斷的掙扎。這樣經過四年，歷經服役，工作，以及到美國留學。留學期間因為人生地不熟，乃參加查經班見見同鄉，以及一起到附近的美國教會參加崇拜，但內心掙扎仍是持續。

有一次崇拜時，聽到牧師講道說「If you want to understand God, you have to stand under God.」。英文的 understand 與 stand under 在此對應得很好。前者是「認識」，後者是「站在下面」。整句的意思是「你若要認識神，就要謙卑站在神的下面來認識。」一時之間抓住了我的注意力。

回家後越想越覺得這正是我的盲點，我一直因為看不到摸不到神，想要把神抓來理個清楚，想通了才要相信，這正是站在神的「上面」要來認識神。假如我能把神想通，那我豈不就比神還大了？

於是，決定站在神的下面，單純謙卑地相信，不再想那麼多。過去禱告還會說一些祈求的內容，現在只簡單禱告「天上的父神、主耶穌，我相信祢。」，並且從內心誠心相信。心想如果有神，神必聽見；如果沒有神，說多了也沒用。這樣經過約六個月，在一個清晨，當我起床要穿衣服，伸手到衣櫃的半途，忽然全身大喜樂，從頭頂到腳底，從裏到外，全身每個細胞都處於喜樂的狀態，這樣約三十秒。那種喜樂，真是無可比擬，戀愛時約會的喜樂，跟這種喜樂比起來真是小巫見大巫。一個星期之後，又經歷一次，這時才領悟到，啊，有神！就這樣我相信了。這是一九七一年在美國喬治亞州亞特蘭大留學時發生的事。

後來四十多歲時，決定到神學院讀神學。在第三年讀到齊克果思想之後，發現對我的信仰有突破性的幫助。因為齊克果探討了人類存在最基本的問題，就是做為一個人要如何在神的面前存活；而不是一面相信神，一面活得好像神不存在；不是除了禮拜天做禮拜之外，還是偏行己路。這引發了我對人性的興趣，因為有一個問題一直困擾著我，就是為什麼基督徒會有紛爭？大家不是都悔改相信耶穌了嗎？不是都研讀聖經，在教會服事嗎？還有，為什麼我自己也常常是能說不能行、明知故犯？為什麼信耶穌之後還是擔心、貪婪、暴躁、不耐煩、受役於物？

由於齊克果思想的影響，加上對人性的不解，使我對靈修神學產生了濃厚的興趣，於是多方涉獵並且進行靈修操練。透過聖奧古斯丁談到人性充滿著意志，讓我逐漸領悟到意志是人性的首腦，不是理性。人性是意志出了偏差，導致「明知故犯」，於是以「知行不合一」做為前書的書名，來詮釋人性。並依此來發展生命歸位的系統架構，讓我們透過心禱，能在耶穌裡從歸位到歸心，與神和好合一。到目前為止，我不敢說自己達到什麼境界，但是經過心禱的操練，跟以前比起來，人生的路越走越有平安，越能安息在神的裡面，越能與人和睦，越能放心交托，越體驗到神的真實。

　　原來基督信仰是「生命之道」，不是「知識之道」，也不是「服事之道」。當然知識與服事都重要，但要有生命的基礎，也就是要有「有悔有改」的基礎。這是本書要傳達的第二項信息。

　　最後，「窮得只剩下錢」這句話，在表達生活富有而生命卻貧窮；雖然豐衣足食，卻是不安空虛。本書的貢獻在於指出生命要如何上路，如何把握到神，如何除去不安空虛，以及得到真正永恆的平安喜樂。

國家圖書館預行編目資料

窮得只剩下錢

王陽明著.──初版.──
台北縣中和市：基督橄欖文化出版，
華宣發行，民 97（2008）， 面； 公分
──（靈命進深系列；36）

ISBN 978-957-556-586-2（精裝附光碟片）

1.基督徒 2.靈修

244.93 97004641

作者簡介

　　王陽明牧師，台灣大學法律系畢業，美國德州大學公共衛
生學博士（主修醫療組織與管理），美國肯州路易維長老會神
學院道學碩士與神學碩士。曾任彰化基督教醫院行政副院長，
馬偕紀念醫院行政副院長，以及台灣大學醫學院兼任副教授。
目前從事雙愛心禱事工。

靈命進深系列 36

窮得只剩下錢

著 作 者：王陽明
出 版 者：橄欖出版有限公司
　　　　　臺北縣中和市連城路 236 號 3 樓
　　　　　電話：(02)3234-1063　傳真：(02)3234-1949
　　　　　電子信箱：olivecf@ms3.hinet.net

發 行 人：李正一
發　　行：華宣出版有限公司 CCLM Publishing Group Ltd.
　　　　　臺北縣中和市連城路 236 號 3 樓
　　　　　電話：(02)8228-1318　郵政劃撥：19907176 號
　　　　　傳真：(02)2221-9445　網址：www.cclm.org.tw
香港地區：基督教華文（聯合）書業有限公司
總 代 理　Christian Chinese Book（United）Distributors Co., Ltd.
　　　　　中國香港荃灣橫窩仔街 2-8 號永桂第三工業大廈 2 樓 B 座
　　　　　Tel:(852)2394-2261　Fax:(852)2394-2088
新加坡區：益人書樓 Eden Resources Pte Ltd
經 銷 商　29 Playfair Road #02-00 Lin Ho Building, Singapore 367992
　　　　　Tel：6343-0151　Fax：6343-0137
　　　　　E-mail：eden@eden-resources.com
　　　　　Website：www.edenresource.com.sg
北美地區：北美基督教圖書批發中心 Chinese Christian Books Wholesale
經 銷 商　16405 Colima Road, Hacienda Heights, CA 91745
　　　　　Tel：(626)369-3663　Fax：(626)369-3873
　　　　　Website：www.ccbookstore.com
加拿大區：神的郵差國際文宣批發協會
經 銷 商　Deliverer Is Coming International Publishing
　　　　　B109-15310 103A Ave. Surrey BC Canada V3R 7A2
　　　　　Tel：(604)588-0306　Fax：(604)588-0307
澳洲地區：以勒資源中心 Jireh C Import Co.
經 銷 商　榮耀書局 Glory Bookstore
　　　　　1/38 The Avenue, Hurstville NSW, Australia 2220
　　　　　Tel：(612)9585-2474　Fax：(612)9585-2394

封面設計：大觀視覺顧問股份有限公司
行政院新聞局登記證局版台業字第 2600 號
出版時間：2008 年 6 月　初版 1 刷
　　　　　2009年 2 月　初版 6 刷

Copyright ©2008 by Yungming Wang
All Rights Reserved
Cat. No. 08236
ISBN 978-957-556-586-2（精裝附光碟片）

Printed in Taiwan